雅
理

通过阅读　解放自己

她之所以为她

女人不是生而顺从，而是变得顺从

On ne naît pas soumise
on le devient

[法]玛侬·加西亚-著
Manon Garcia

黄 荭 沈祯颖-译

中信出版集团|北京

图书在版编目（CIP）数据

她之所以为她：女人不是生而顺从，而是变得顺从 /（法）玛侬·加西亚著；黄荭，沈祯颖译 . -- 北京：中信出版社，2023.2
ISBN 978-7-5217-4957-1

Ⅰ.①她… Ⅱ.①玛…②黄…③沈… Ⅲ.①妇女问题－研究 Ⅳ.① C913.68

中国版本图书馆 CIP 数据核字 (2022) 第 210755 号

Copyright © Flammarion, Paris, 2018
ALL RIGHT RESERVED
本书仅限中国大陆地区发行销售

她之所以为她——女人不是生而顺从，而是变得顺从
著者：　[法]玛侬·加西亚
译者：　黄荭　沈祯颖
出版发行：中信出版集团股份有限公司
　　　　　（北京市朝阳区东三环北路27号嘉铭中心 邮编 100020）
承印者：　河北鹏润印刷有限公司

开本：880mm×1230mm 1/32　　印张：7.75　　字数：130千字
版次：2023年1月第1版　　　　　印次：2023年2月第1次印刷
京权图字：01-2022-6834　　　　　书号：ISBN 978-7-5217-4957-1
定价：69.00元

版权所有·侵权必究
如有印刷、装订问题，本公司负责调换。
服务热线：400-600-8099
投稿邮箱：author@citicpub.com

致艾丝黛尔、爱娃和萨乐美

一般而言，女权主义书籍是对一场需要不断重振旗鼓的运动的前瞻性记忆；玛丽·沃斯通克拉夫特和西蒙娜·德·波伏瓦的女权著作，同时也是优秀的哲学书籍，都应该用这种方式去阅读。因为我们将女性书籍都归为一个特殊的类别（由女性书写，关于女性，面向女性），那么，另一半潜在读者就丧失认真阅读它们的机会。

米歇尔·勒德夫（*Michèle Le Dœuff*）
《读书学习和纺纱织布》（*L'Etude et le Rouet*）

导读
爱我所爱，且用我的方式去爱

黄 荭　沈祯颖

一

本书书名中的"女人不是生而顺从，而是变得顺从"显然是化用了西蒙娜·德·波伏瓦在《第二性》中那句最有名的论断："女人不是天生的，而是后天变成的。"而事实上，出生于1985年、毕业于巴黎高师哲学系的玛侬·加西亚的确一路在追随她的精神导师波伏瓦的脚步，她的这本处女作也明显沿袭了波伏瓦在《第二性》中开创的女性主义现象学的研究方法，从女性的角度对她们的处境和体验做尽可能忠实的再现，进而深入挖掘女性顺从复杂的历史和现实根源。这本书既是对波伏瓦哲学思想的回顾和致敬，也是对其女性主义研究的拓展和细化。

传统的权力观往往关注权力"自上而下"的作用方式，故此，大多数女权主义运动也因袭性地将矛头指向男性统治对女性的规训、盘剥和压迫。而玛侬·加西亚研究的独到之处是做了一个研究视角的转换，从顺从者角度而非征服者角度来考察女性顺从现象。这一视角转换有助于揭露两性关系中最隐秘也最微妙的部分，以"自下而上"的方式展示并分析一种主观经验。她提出并思考的问题是，男性统治对女性个体来说究竟意味着什么？女性如何体验她的顺从？面对男性统治，自觉不自觉中，女性的态度常常是矛盾而暧昧的，就像作者在本书开篇写的：

> 即使是那些最有独立意识、最具女权主义倾向的女性，也会在不经意间发现，她们享受男性对她们投来的具有征服意味的目光，她们渴望成为伴侣怀中一只温顺的宠物，相比那些看上去更能让她们绽放自我的工作，她们更愿意去干干家务活儿，从叠得整整齐齐的衣服、为家人精心准备的早餐中获得小小的乐趣。这些欲望和乐趣同女性的独立是否矛盾？是否是对几个世纪以来的女性解放运动的背叛？

哪怕是在 21 世纪的今天，我们也经常会听到社会上两种此起彼伏的声音：一种呼吁女性独立自主，追求自己的事业，争取两性平等；另一种鼓励女性回归家庭，相夫教子，侍奉公婆。我们可以简单地把它归纳为现代和传统两种观念的冲突，然而，若要对这种司空见惯的女性顺从现象进行理论建构却非易事。尽管女性顺从经验的普遍性、多样性和矛盾性无可否认，但西方古典哲学一直以来都把它视作女性对天赋自由的放弃、一种道德上的缺失，这种性别偏见让古典哲学家们对这一问题采取了习惯性无视的态度。因此，正如本书作者玛侬·加西亚敏锐指出的，"女性顺从既是社会现实，又是哲学禁忌"。她希望借助哲学，尤其是西蒙娜·德·波伏瓦的哲学思想，聚焦女性顺从这一具有重要现实意义却又不断被遮蔽的哲学命题，试图揭开它的真实内涵，分析造成这种顺从的个人和社会结构的深层原因，探讨可能的解放之道。

二

自古以来，不论中西，顺从都被认为是女性重要的美德之一。《仪礼》教导女子要有三从之义，"未嫁从父，既嫁从夫，夫死从子"。圣经中的《提摩太前书》一再强调"女人要沉静学道，一味地顺服"。即使是启蒙时代提出"天赋人权"、男女平等的卢梭，在《爱弥儿》这本论教育的书中也不乏对性别差异的偏见:"如果说女人生来是为了取悦于和从属于男人的话,她就应当使自己在男人看来觉得可爱,而不能使他感到不快。"被历史重重塑造的"永恒的女性"成了现代女性隐形的束身衣,时刻提醒她要安分守己、宜室宜家。

因此,在思考女性顺从的本质时,我们很容易陷入这样一种困境:要么把它视作一种女性与生俱来的气质,落入性别歧视的陷阱;要么遵循性别平等原则,把它等同于男性顺从,也就是说,将其视作违背人类自由天性的道德缺失。不过,这样的本质主义或古典哲学的观点正是玛侬·加西亚想要批判的靶子。她拒绝将自己局限在非此即彼的选择中,而是跳出传统视角,强调用一种女性主义的方法来解构这些男权神话,从实际经验出发,展现女性顺从的特殊性和复杂性。

玛侬·加西亚在书中多处援引波伏瓦在《第二性》中提出的"处境"概念:我们所处的世界有一套特定的社会规范,它规定了个体行动准则并制约着个体的选择,任何人都无法跳脱出自身的处境或独立于这个周身世界而存在,而性别差异正是构建这种社会规范的一个重要元素。处境的概念很好地解释了女性顺从的历史机制:男性统治是一个漫长的异化过程——男性自视为主体,将女性构建为客体和绝对他者，并用顺从来定义女性气质。因此，女性顺从不是天性使然，而是处境的产物，是先于女性个体而存在的社会规范，是一种被强加的既定命运。

然而，这样的结论并不足以消弭道德缺失的问题。女性为何不抵制并反抗这种由社会施加的带有明显歧视和不平等的规范呢？她们的顺从是否意味着对天赋自由的放弃？玛侬·加西亚着重探讨了女性顺从的身体维度，她认为，女性在男性统治下的异化主要体现在女性身体的异化上。波伏瓦曾继承现象学的哲学思想对"生理身体"和"经验身体"进行了区分。"生理身体"本不具备任何意义，但女性的生理身体却因其依附地位而变成了社会意义的载体，它在男性凝视下被客体化为性欲的对象和绝对的他者。女性体验"经验身体"的方式建立在已经社会化和客体化的生理身体之上；她的身体首先是一个为他人而存在的身体，而不是一个"为我的身体"。女性被剥夺了对自我身体的控制，她们被迫顺应外界的期待并服从这种无法逃脱的命运。因此，女性顺从无关选择的问题，在男性统治下，她们的选择权是缺失的。由此，加西亚一针见血地指出，女性接受顺从并不是一种放弃自由的主动之举，而是无可奈何（常常也是别无选择）的被动之举。

三

那么顺从是否全然是消极的呢？玛侬·加西亚认为事实并非如此，顺从甚至有可能是快感的来源，她列举了美和爱情的例子来论证这种顺从的模糊性。女性试图通过美貌来使自己成为男性欲望的对象，通过在爱情中献身以换取男性的眷顾和回报。在这两种情况下，顺从甚至会让女性产生征服男性的错觉，以为自己用美食拴住了男人的胃，用美色迷住了男人的眼，用忠诚和牺牲俘获了男人的心。而事实上，"女性通过把自己变成被动的和诱人的客体来收获快乐，其结果是，女性-客体需要依赖男性和他们的凝视才能存在。然而，当女性成功地进行引诱之后，男性凝视将不再把她看作主体，而是看成一个即将被吞噬的客体和猎物"。女性舍弃自己的主体地位，把自己当作猎物并牺牲自己的独立性，把"嫁得好"作为存在的理由，满足于"妻以夫荣、母凭子贵"的附庸生活。在这种情况下，顺从似乎成了女性的一种生存策略，是一种"得失分析"的结果——只要顺从，她们就有望得到男性的青睐并过上衣食无忧的生活，甚至还有可能得到社会地位的提升，而追求自由独立则意味着失去这"现成的"一切。

插一句题外话，玛侬·加西亚关于女性美的分析让人不禁联想到近来频频出现在各大社交平台热搜榜上的"与素颜和解"的话题。与素颜和解，顾名思义就是要坦然接受"天然去雕饰"和"去美颜效果"后的自己，不再"自惭形秽"。从表面上看，这似乎是一场颇具女性平权意味的运动，旨在鼓励女性拒绝容貌焦虑，尊重个性和多元化。然而，当这个话题的讨论由最初的对自己素颜的坦然接受和展示转变为竞争和攀比"素颜美"的跟风作秀时，一切就变了味，而素颜也不是真的"素"。事实上，"与素颜和解"的话题本身就具有欺骗性。这一话题的提出恰恰传递了这样一种信息，即我们对美的追求并不是自发的，而是由某种外力驱动的结果，这种外力便是社会关于女性美的主导潮流和强加在女性身上的审美霸权。"楚王好细腰，宫中多饿死"，流行素颜，于是人人化起了"裸妆"；流行欧美风，于是街头尽是深色眼影、性感红唇……从本质上说，素颜与浓妆之间不存在二元对立；素颜不是一种需要去"和解"的东西，而妆容也不应该成为被主流审美标准左右的产物。

四

如果说在顺从这件事上，女性有意无意会成为男性统治的"共谋"，那么，将女性受压迫的处境全怪罪到男性头上也不全然客观，从某种程度上来说，男性和女性都被禁锢在早已根深蒂固的权力结构中不能自拔，这或许就是玛侬·加西亚说"男性并非(都)有错"的理由。波伏瓦在《第二性》中也提倡男性和女性通过理解合作的方式共同走向自由与和谐,把男性和女性从封闭僵化的社会体系和权力结构中解放出来,在自我与他者相互关照的维度下体悟两性关系,实现真正的性别平等。

早在20世纪初,弗吉尼亚·伍尔夫在《奥兰多》中就借小说主人公的奇幻经历向我们昭示了这一点。奥兰多原本是一名英俊的贵族少年,却在某一天醒来突然变成了女性。这种性别身份的转换使他得以从男女两种视角观察世界和体验生命,他终于发现女性真实的生活与他身为男性时的想象是多么大相径庭:

> 她记起:自己身为一名年轻男子的时候,就坚持认为,女人一定要三从四德,守身如玉,打扮得体。"现在我自己要为那些欲望付出代价了,"她想,"因为女人不是——根据我这段时间以来的切身体会——天生就顺从、贞洁和会打扮的。她们也只是通过后天乏味无比的训练,才学会这些的。"

我们固然无法像奥兰多一样获得两种性别的体验,但我们可以从中领悟到,只有跨越个体生命的疆界、打破自身视角的局限性，在矛盾和差异中体会两性关系，我们才能真正认识到他者所面临的困境，从而更好地认识自我，理解他者。女性解放从来不是一场一个人的战争，也不是一个性别的战争，只有告别自私的利己主义和冷漠，打破沉默和有形无形的枷锁，才能为女性在公共话语中开辟更多空间，那些关乎女性切身利益的议题才能回归大众视野。

五

那么，这样一项对女性顺从追根溯源的理论研究对今天的女性解放运动有什么启示和现实意义呢？在玛侬·加西亚看来，既然女性顺从是特殊的经济、社会和政治条件下的必然结果，那么要改变女性的处境，就必须打破产生女性压迫的机制，使顺从不再成为女性的既定命运。在方法论层面上，她提出女性要敢于承担自由的风险，通过工作和劳动为自己的独立创造必要的物质基础，从而改变现存的社会经济结构。然而，我们也知道，在实践层面上，尤其是对个体而言，摆脱既定秩序的影响并非易事。即便是对波伏瓦这样卓尔不群的女性主义者来说，在处理现实的情感关系时，面对萨特，她也难以真正超越女性在潜意识中对男性权威的崇拜和顺从。她的《女宾》《名士风流》和《独白》中都不乏在爱中迷失自我、完全顺从并依赖男性的女性角色。也正因为男尊女卑、夫唱妇随的传统由来已久，要打破这种根深蒂固、习以为常的压迫机制绝非一朝一夕所能达成，况且绝大多数现代女性除了工作上班之外，依然承受着生儿育女、洗衣做饭、照顾家人的生活压力，有多少女性在这些日复一日、琐碎繁复、"看不见且没有薪酬的"家务劳动中变成了"绝望的主妇"。

玛侬·加西亚认为，实现两性平等最重要的是改变观念，质疑和挑战所谓的"天经地义"和"理所应该"。对女性最大的禁锢是她们自身对顺从的接受和认同，使她们成为自身顺从的"共谋"。要改变女性顺从的地位，就必须要让女性个体觉醒，放弃顺从带来的安稳和特权，敢于承担自由的风险，主动掌握人生的选择权。诚如德国女性主义心理学家乌特·艾尔哈特所言，"好女孩上天堂，坏女孩走四方"。好女孩接受社会的规训，而坏女孩敢于和传统决裂，敢于面对未知的风险，敢于发掘更多的可能性，敢于为自己的选择负责。这里的"坏"已无关传统道德体系下的价值判断，而是代表了一种新时代果敢自由的女性形象，她们不再是他人的附属品，不再为家庭牺牲自己的理想抱负，而是勇敢地表达自己的意愿并为之奋斗，追求更多的自主权。女性扭转顺从命运的拐点就是要清醒地认识自己的处境，坚定地成为自己人生的决策者。

只有在一个越来越开放、越来越平等的社会，女性才能撕掉"顺从"这一古老的道德标签，自由地去追求向往的生活，不在爱情中迷失，爱我所爱，且用我的方式去爱，就像波伏瓦在《第二性》中所期盼的：

> 有一天，女人或许可以用她的"强"去爱，而不是用她的"弱"去爱；不是逃避自我，而是找到自我；不是自我舍弃，而是自我肯定。那时，爱情对她和对他将一样，将变成生活的源泉，而不是致命的危险。

只有这样，女性（还有男性）才能走向真正的自由、平等和解放。

目录

导读 爱我所爱，且用我的方式去爱   *i*

导言   *1*

1 一个哲学禁忌   *4*

2 女性的顺从，一种同义反复？   *26*

3 女人是什么？   *48*

4 难以理解的顺从   *76*

5 顺从的经验   *98*

6 顺从是一种异化   *122*

7 顺从女性客体化的身体   *140*

8 快乐还是压迫：顺从的模糊性   *166*

9 自由与顺从   *186*

结语 那么现在呢？   *209*

注释   *212*

导　言

即使是那些最有独立意识、最具女权主义倾向的女性，也会在不经意间发现，她们享受男性对她们投来的具有征服意味的目光，她们渴望成为伴侣怀中一只温顺的宠物，相比那些看上去更能让她们绽放自我的工作，她们更愿意去干干家务活儿，从叠得整整齐齐的衣服、为家人精心准备的早餐中获得小小的乐趣。这些欲望和乐趣同女性的独立是否矛盾？是否是对几个世纪以来的女性解放运动的背叛？女性能否指望男性在追求性别平等的道路上迈出"第一步"？在日常生活中，抑或是当我们翻开一本所谓的女性杂志，关于女性问题的暧昧和矛盾随处可见：人们呼吁女性应该独立自由，应该追求自己的事业，不应该接受男性高高在上，对她们颐指气使；而与此同时，这些杂志又充斥着关于如何成为一个性感娇娃、一个贤妻良母的建议和准则。

韦恩斯坦性侵事件*发生后不久，这种矛盾性便体现在那些针对受害女演员的言论中：她们难道仅仅只是受害者吗？她们不是心甘情愿成为男性欲望的完美目标的吗？她们不是为了成功才"上床"的吗？除了对男性统治（domination masculine）的事实视而不见，人们对女性的屈从地位避而不谈；而且，媒介舆论也往往声援那些称反性骚扰运动进展速度过快的人，他们认为女性其实很享受"被骚扰"。

本书旨在借助哲学，尤其是西蒙娜·德·波伏瓦的哲学思想，分析这些显而易见的矛盾。正如所有哲学书一样，本书不是为了给出现成的答案，而是为了展现世界和经验的复杂性。女性是受害者还是抵抗者，所有男性是否都有过错，重要的是个体还是社会结构，问题不在于一劳永逸地作出决断；相反，研究女性对男性的顺从，就是研究社会中存在的性别等级是如何影响女性生存体验的。

---

* 2017年，好莱坞制片人哈维·韦恩斯坦被指控在过去近三十年间骚扰、侵犯多位女性。——译者注

下文中，如无特殊说明，星标注均为译者注。

研究女性顺从,
就是研究那些处在一种统治关系中
而不作反抗的女性的行为或处境。

1 一个哲学禁忌

从耐心织布等待奥德修斯归来的珀涅罗珀*到热衷于受到克里斯蒂安·格雷（Christian Grey）控制的安娜斯塔西娅**（Anastasia），从《凯萨琳的性爱自传》***（*La Vie sexuelle de Catherine M.*）到《绝望的主妇》（*Desperate Housewives*），从安妮·埃尔诺****（Annie Ernaux）的《占领》（*L'Occupation*）到主张男性对女性的"骚扰权"的女演员们，在文学、电影、电视剧以及时事新闻中，女性顺从（soumission féminine）往往被凸显，有时甚至被提倡，并被美化为满足感或快感的来源。然而，哲学和女性主义思潮却对这种女性顺从只字不提或鲜有涉及。从女性主义的角度来看，这种认为女性总是以某种方式选择或享受顺从的观点体现了右派思想，属于反女性主义甚至是厌女思维。这也与某些保守派人士的观点不谋而合，他们相信存在一种女性固有特征，所有女人注定要顺从于男性。从哲学的角度，尤其是古典政治哲学的角度来看，顺从是与人的本性相悖的，属于道德缺失：顺从他人，就等于放弃了最宝贵的天赋权利——自由。因此似乎不能对这一现象进行思考，甚至给它命名，而它的表现形式却层出不穷。

研究女性顺从首先面临的是一个普遍的哲学问题：对顺

---

* 出自荷马的史诗《奥德赛》。
** 克里斯蒂安·格雷和安娜斯塔西娅为小说《五十度灰》中的角色名。
*** 法国作家凯萨琳·米雷的自传性作品。
**** 法国作家，代表作有《悠悠岁月》《一个女人》等。

从概念的分析总会受到一种共识的掣肘，即想要用自由换取别的东西是违背天性的。因此，卢梭在《社会契约论》中写道："放弃自由就等于放弃自己做人的资格，放弃人类的权利，甚至是放弃自己的义务。而一个放弃一切的人是无法得到任何补偿的。这种弃权是不合人性的，并且取消了意志的自由，也就相当于是取消了行为的一切道德性。"[1] 人可以在不受强迫的情况下顺从，这是一个讳莫如深的话题，在西方哲学史上，只有拉·波埃西*（La Boétie）和弗洛伊德真正关注过顺从之谜，尽管他们的研究是在不同层面上进行的。在《论自愿为奴》（*Discours de la servitude volontaire*）一文中，拉·波埃西最早探讨了是什么让一群人决定顺从统治他们的暴君，而这位暴君的权力恰恰来自于这群人对他的顺从。拉·波埃西为此提出了一系列解释，但他仅仅是将这种顺从归结于人类个体的道德缺失和对天赋自由的错误性忘却。在为精神分析视角下的受虐癖（masochisme）奠定基础的三篇文章中[2]，弗洛伊德的关注焦点由群众对暴君的顺从转向受虐癖，亦即个人从自身的精神或肉体痛苦中获得快感，他认为这与施虐癖（sadisme）完全相反。弗洛伊德毫不费力地对施虐癖作出了心理分析学的解释，但是他的理论碰到了一个难

---

* 法国哲学家，其代表作《论自愿为奴》被后世认为是无政府主义和公民抗命的开山之作。

题,即他所说的"受虐之谜",他认为这是一种病理,但他未能对其作出完整的解答。因此,在哲学史上,顺从一直是一个被扼杀的命题,它要么被定义为道德缺失,要么被视作一种病理。哲学忽略了这样一种事实:有些人或许期望顺从于另一个人并以此为乐。

当我们关注女性顺从时,这个问题就变得更加复杂了。与男性顺从不同的是,女性顺从在历史上并没有被认为是违背天性的;恰恰相反,顺从被规定为女性正常的、道德的和自然的行为[3],而这也印证了女性本质上且天生劣于男性的观点:这是因为女性被认为无法像男性一样自由,或者这样的自由对她们而言构成一种潜在的危险,而顺从才是理所当然的。在这种背景下,认为女性自愿选择顺从是带有性别歧视色彩的,因为这就假定了男性和女性之间存在一种天然的差异,且正是由于这种差异使女性比男性低劣。这种低劣既是一种弱点又是一种道德缺失:一方面,女性顺从于男性,是因为她们天生就比男人弱小,她们是被动顺从的;另一方面,她们的弱小使她们在道德上处于劣势:女性耽于一种完全符合她们本性的,有时甚至是她们自己选择的顺从当中,而对于真正自由的男性来说,顺从却是一种道德上的缺失。

简而言之,我们陷入了一种困境:要么我们谈论女性顺从的复杂性,并且不去避讳这种顺从的诱惑力,而这样我们就陷入了性别歧视的陷阱，把顺从当作女性的宿命；要么我们遵从性别平等，那么女性顺从便和男性顺从一样，是一种道德缺失或一种病理，不属于哲学范畴。在第二种情况下，对文化作品宣扬女性顺从这一现象可作出的唯一解释是，女性顺从被视为男性统治（dominationmasculine）的体现，女性即是男性统治的被动受害者。总之，如果我们承认顺从对女性的诱惑力，那么我们便承认存在一种永恒的女性气质这一性别偏见；如果我们反对女性天生低劣的观点，那么那些以顺从为乐的女性似乎便成为被动的受害者或不珍惜自由的罪人。

但是，又该如何解释这些作品中有一部分是由女性创作的呢？是否可以断定，卡特琳娜·米耶*（Catherine Millet）、安妮·埃尔诺或 E.L. 詹姆斯**（E. L. James）大错特错了，她们谈到的经历根本不值一提？[4] 把顺从视作带有性别歧视意味的天性，还是对它缄口不提，针对这两种态度，我们应该直面以下这些问题：女性是否以某种方式参与了男性统治？如果是，这种参与是否自愿，抑或只是无处不在的男性统治导致的结果？此外，或许更具争议的是，顺从必定是件坏事吗？难道就无法从中获得一点儿乐趣吗？

---

* 法国女作家，策展人，2002 年出版的《卡特琳娜·M 的性爱自传》以大胆的性爱描写引发争议，掀起全球对色情文学和女性情欲的重新审视和探讨。
** 英国女作家，代表作为《五十度灰》。

女性顺从和女性主义

这样的问题远非歧视女性，恰恰相反，这体现了女性主义思想。女性主义是一套捍卫女性权益的理论体系和政治纲领，旨在促进某种形式的两性平等——无论这种平等建立在差异性还是相似性上。女性主义的发展分好几个阶段，第一阶段至少有两方面的工作：一是揭露女性因身为女性而受到的压迫，二是与这种压迫作斗争。

女性主义第一阶段的使命在于提出了一种社会批评，试图展现性别不平等现象所具有的系统性、广泛性和历史性，它们构成父权制压迫的结构体系。因此，女权运动一直以来都致力于揭露女性在男性统治下遭受的压迫，指出女性在个人或集体层面遭遇的不公正待遇，并指出这种压迫的结构性或一般性特征。第一阶段为第二阶段的理论前提，因为只有理解了压迫的真实形态，才能与之作斗争。例如，它指出男性统治女性的目的和作用就是褫夺女性的话语权并全方位地贬低女性的价值，使其沦为照顾家庭主妇，也就是贤内助。

另外，女权运动第一阶段的任务还在于确定其斗争对象——男性统治——的机制，从而为第二阶段的运动做好铺垫。例如，由于男性统治的机制之一是褫夺女性的话语权，女权运动反对父权制压迫斗争的途径之一便是将女性从沉默中解放出来，使女性声音得以被倾听、被重视，从而打破男性**代替**女性发声的父权制藩篱。因此，研究女性顺从正是女性主义的一部分，因为这一研究的宗旨就在于关注女性经验，而不是先入为主地为女性贴上受害者、自作自受、被动甚至反常的标签。

然而，女性主义者们却小心翼翼地回避了女性顺从这个问题，[5] 这可能是因为他们不希望为保守派留下把柄———旦谈论了这一话题，保守派人士便会认为女性主义者们自己承认了顺从和母性是女性的天性。大男子主义者们总是急于妄下结论，他们认为女性之所以顺从，是因为她们"喜欢这样"，他们否认男性统治的结构性作用———一个典型例子是，当人们谈论家庭暴力时，某些言论暗示女性不发声的原因可能是她们所经历的事情并没有那么糟糕。因此，女性主义者们对顺从保持缄默，而仅仅把批判的矛头指向男性统治，正是为了避免误伤受害者。然而，这种谨慎的做法并非万无一失，因为它忽略了男性统治这一整体性和结构性现象的一个重要方面，恰恰就是这一现象所引起的"同谋关系"（complicité）。我们能够且应该研究女性顺从，但这并不意味着就此推定这种顺从中存在某种女性特有或固有的东西。

为了更准确地把握女性顺从研究与永恒女性假说（即女

人本性顺从的假说)之间的本质区别,我们可以从语言学和语言哲学角度进行分析。事实上,有两种表述需要区分,第一种是那些支持永恒本性论的人所说的"女人是顺从的"*(les femmes sont soumises),第二种是另一派人所说的"有些女人是顺从的"**(des femmes sont soumises)或"有些女人选择顺从"。前者采用语言学家所说的泛指("les femmes"表示**所有女人**,或者至少是**普通**女人),所有的女人因其身为女人而无一例外地具有共同的顺从本性;后者没有对女性气质或女性标准作出任何假设,而是聚焦某些个体经验和生活方式;没有对这种顺从的好坏、正确与否作出评价,而是仅仅陈述某些女人——可能是多数,也可能是少数——正处于顺从状态的事实。第一种表述体现了某种规范性,而后两种表述则纯粹是描述性的。研究女性顺从是符合女性主义要义的,因为这一研究的关键就在于描述一种女性的经验,同时又注意避免把这种经验看作对女性而言绝对的、固有的、必然的。

简而言之,之所以这是一项女性主义研究,是因为它采用女性视角作为分析的出发点。韦恩斯坦性侵事件发生之后,世界大致分成了两个阵营:一派人认为男性对女性的统

---

* 法语中表复数意义的定冠词 les 用在表示总体概念的名词前,指"整体""所有"。

** 表复数意义的不定冠词 des 用在名词前表示"某些""有些"。

治已渗入到社会的方方面面,而另一派人认为这种统治根本不存在或没有那么严重。女性主义研究表明,这种分裂是存在问题的,因为它建立在这样一个前提之上:只有男性的观点和行为才有价值。事实上,人们在谈论"男性统治"、试图描述并反对女性在社会中地位的同时,也在无意中延续了这种女性主义认识论者一直揭露的以男性视角为中立客观视角来诠释世界的做派。[6] 男人才是决定是否统治的主体,是施暴、引诱、求欢、享乐或出轨的人。

女性视角的顺从

在政治层面和认知(即知识建构)层面,有必要去质疑男性视角的中性化及其系统化运用。在政治方面,试图仅从男性视角来构建和促进性别平等,而忽略女性经验,是无论如何都行不通的。比如,有的女性主义哲学家指出,古典政治哲学是建立在公共领域和私人领域的区别之上的;前者是由男性独占的政治领域,个体在其中是彼此独立的,后者代表的家庭则限制女性的活动范围,人们在其中通过亲情和相互依赖关系联系在一起。[7] 而古典政治哲学却掩盖这种区别,并因此盲目地将女性排除在政治领域之外。质疑中性化的男性视角可以揭露男性统治的结构和延续的方式。

除此之外，在认知方面，质疑男性视角霸权，从女性视角观察我们身处的世界，可以使我们对其有更全面的认识。马克思主义者们首先提出了认知隔阂的观点，他们认为主体看待世界的视角是由其社会地位决定的；因此，统治者和被统治者拥有不同的视角，他们对世界的认知也截然不同。然而，当我们研究男权统治和性别平等问题时，会发现什么呢？西方社会中，女性与男性的权利基本相同，但性别不平等现象仍难以消除，这似乎很让人费解。女性享有与男性平等的权利，有机会接受教育、进入职场和担任政治职务，但她们依然处于劣势地位，这难道不就是因为她们比不上男人，或者她们更喜欢"待在家里"吗？总之，如果我们试图从男性的角度来破解顽固存在的男性统治之谜，我们得到的最佳答案就是，女性如今已经作为与其他人一样的主体，却仍处于劣势，其原因可能是她们天性低劣或男女有别。那么当我们采用女性视角来审视男性统治时，又会发现什么呢？事实上，面对父权制社会，顺从有时是女性最好的选择。

这并不代表*所有*女人都顺从于男人，也不意味着女性具备某种能够使她们趋于顺从的特殊属性；不，这只是一种事实：一般而言，从女性视角考察男性统治，考察其对女性产生的影响，就是认识女性顺从的复杂性及其可能具有的诱惑力和束缚力。从女性视角研究女性顺从，并不是要说只有女性才对男性统治的持续存在负有责任，相反，是为了揭露男性统治对女性造成了什么影响，它是如何被女性体验，又是如何以一种古典哲学因其自身的性别偏见而未能洞悉的方式左右女性的选择和欲望的。

视角问题

研究顺从之前，必须先理解顺从到底是什么。首先，我们关注顺从而非统治，就意味着推翻传统的权力观。虽然不乏关于统治的研究，尤其是在政治哲学领域，但是从顺从者角度而非征服者角度来考察顺从的研究却屈指可数。人们似乎达成了一种共识：顺从本身并不需要单独被研究，只要理解了统治，就能自然而然地理解顺从，就好像两者互为镜像关系。为了打破这种传统，拉·波埃西在《论自愿为奴》中另辟蹊径，采用自下而上的视角（如 *submissio* 一词中的 *sub**）即从受奴役的民众角度来研究权力的话题，以解释民众对暴君顺从的本质。然而，他只在民众与暴君或国王的关系层面探讨"自愿为奴"，也就是说，他的论述仅仅局限在政治领域，而女性顺从则是一种个体间的顺从。

将拉·波埃西自下而上的视角运用到对个体间关系的研

---

* 拉丁语单词 submissio 的前缀 sub- 表示"下""下面"。

究中,需要首先对"顺从是什么"作出描述性和概念性的分析。表面看来,顺从总是和他人有关。顺从的一个典型代表就是居住在平民区戴面纱的穆斯林女人——女权组织"不做妓女,也不顺从"(Ni putes ni soumises)的名称本身就体现出反对这一形象的初衷。这个穆斯林女人被视为绝对顺从的他者(Autre)的象征,旁人并不能认同。[8] 事实上,深入观察一下便可发现,许多日常生活经历之间存在某种相似性,这些经历向我们表明,顺从并不是某些人——即那些不热爱自由的人——道德缺失的表现。试着设想一下以下情形:不愿从事自由职业,而宁愿在老板手下打工,即便这意味着对别人惟命是从;做比老板要求的更多的工作,即使这对自己不利(包括所有工作狂的表现——自愿晚退、周末加班等);承认自己低人一等,从而心安理得地服从于某人;心甘情愿地为某人效劳而不期望任何回报(如家务劳动的分配不均)。我们可以发觉,顺从其实不是什么非同寻常的事。对于女性而言,情况尤甚。顺从的女性一直以来都以少数群体的形象呈现:戴面纱的女人、家庭主妇、被贫穷且酗酒的丈夫殴打的妻子,等等。而事实上,顺从是一种更普遍、更平常的经验:为了穿36码的衣服而节食是一种顺从,学者或作家的妻子参与研究却不被视为合作者是一种顺从,独自承受家庭的全部精神负担也是一种顺从。既然顺从不是特殊的、少数的态度,而是一种平常且广泛的经验,那么我们就必须力求准确地理解它的本质是什么,理解它与几乎总是与之联系在一起的统治有什么不同。

哪些女性?

本书旨在探讨西方社会两性关系中女性的顺从问题。这种限定研究对象的方式初看起来似有异性恋正统主义和霸权主义之嫌;但我们认为事实并非如此。

在我们看来,女性顺从是一个值得关注的研究对象,原因之一是它既包含结构层面的内涵——这与男性统治有关,也包含个体层面的内涵——因为女性在法律和社会上都享有足够的自由空间,她们的行为可以反映她们的选择。我们可以想象,在非异性恋关系中,顺从的结构性内涵即便不是缺失的,至少也比两性关系中要少得多:关于女同性恋婚姻中家务分配方式的研究寥寥无几,这正说明,同性之间几乎不存在我们关注的两性婚姻中的不平等分工问题。[9] 因此,把目光聚焦于两性关系并不是因为我们将异性恋视为标准,而是因为它比其他任何关系都更能反映男性对女性的压迫。

我们将研究范围限定在西方社会,主要有两个方面的原因:一方面,女性享有的选择自由度越大,她们的顺从就越显得问题重重，越具矛盾性；所以，立足于至少在形式上实现两性平等的社会更有助于我们认识问题的复杂性。另一方面，正如哲学家乌玛·纳拉扬*（Uma Narayan）所指出的那样，我们在研究非西方世界中女性自主权时总是无法摆脱两种形象的阴影，第一种是"父权制的囚徒"形象，即受到父权制的强制压迫、完全丧失自由空间的女性——她们被迫戴上面纱、被迫嫁人、被迫待在家中；第二种是"受父权制蛊惑者"形象，即完全认同父权制规范的女性，她们看不见这种制度所造成和延续的压迫，而西方女性却看得非常清楚。[10]因此，为了免受以上两种文化因素的影响，只在西方社会，尤其是法国和美国（我生活的两个国家）范围内进行研究似乎更为稳妥。

统治和顺从

在日常用语中，"soumission"（顺从）一词有三重含义：一是指服从的倾向，二是指顺从和服从的事实，三是指战败后投降的行为。很大程度上由于这第三种含义，顺从给人以消极的印象，它使人联想到缴械投降，无论是本义还是引申义。近来关于施虐受虐癖（sadomasochisme）的讨论又赋予了

---

* 印度女性主义学者。

顺从性的内涵，并将性爱中的顺从和统治紧紧联系在一起；这里顺从的消极色彩被削弱了，但仍然没有完全消失。

区分顺从和统治（domination）的第一个难点是"soumission"一词在语义层面的模糊性。法语中"domination"的动词形式"dominer"一般只作为及物动词使用[11]，而"soumission"的动词形式"soumettre"则既有及物用法*（soumettre quelqu'un）也有代词式用法**（se soumettre）。用作及物动词时，"soumettre"与"dominer"有很大的相似性，虽然两者并不完全等同：实际上，这一动词的主语是权力关系中的支配方，它表示"向一人或多人施加权力从而改变其行为方式"。它的主要词义之一与战争有关：制服（soumettre）一个敌人，意味着成功对其实行统治（dominer），迫使他别无选择，只能缴械投降并服从于——也就是听命于——战胜者。在这类情况下，制服就是彻底地统治、用武力来统治；我们可以通过学识、魅力或天生的领导力统治[12]他人，但是制服却只能通过武力和强制手段实现。这样，我们把制服理解为统治的一种极端特殊形式，那么两者的对象"被统治者"（dominé）和"顺从者"（soumis）之间的同等性就不言而喻了。

---

* 意为"使某人顺从""制服某人""征服某人"。

** 法语中由自反代词 se 和一般动词组成的代词式动词可表示自反意义，此处意为"顺从于""服从于"。

然而，打个比方，"工人阶级是被统治者"和"工人阶级是顺从者"这两种说法之间却不能画等号。说工人是"被统治的"，我们关注的是施加在他们身上的权力，是这种权力限制或至少改变了他们的活动范围；而说"他们是顺从的"，则多了一个负面含义，因为它强调的是工人们对权力的依赖和服从。如果我们称工人为被统治者，那么他们就仅仅是一个受制于某种专断权力且不具人格的群体，而如果称他们为顺从者，我们就在某种程度上重新赋予了他们人格，放大了他们面对统治时的态度：似乎他们是自愿处于这种被压迫的处境。这里，我们谈论"顺从"时，我们试图刻画自愿顺服的人的行为或处境，也就是那些以这样或那样的方式选择顺从的人。为防止产生歧义，下文中我们将始终只采用这种用法：顺从指**自愿**顺服的人的行为或处境。

不过，显而易见的是，这种顺从行为是自相矛盾的，因为这是一种被动状态下的能动性：主体决定——无论这一决定的合理性或复杂性如何——不再成为做决定的一方。当然，一个人决定顺从可能是因为他别无选择，但是，不管怎样这确确实实是一个决定，至少是一个关于不反抗权力的决定。因此，与顺从有关的意志可分为两种：一种是主动意志，即积极的顺从意愿；另一种是被动意志，即面对外界施加的权力不反抗、听天由命的态度。但无论如何，只有放弃对权力的主动抵抗的行为才可被称之为顺从,也就是说顺从中必定包含一种主体意志的表达。因此,顺从**至少**是人决定不再主动抵抗统治的结果。

为了更准确地理解顺从和统治之间的关系,必须认识到"统治"一词的模糊性。统治可指一种**关系**——比如,男性统治便是概括社会中男性群体和女性群体之间关系的一个一般性名称;亦可指一种**行为**——男性统治是通过某些具体的统治行为实现的,家暴是其中的一种极端形式。统治关系是一种纵向的、不对称的等级关系,它至少涉及两个主体,其中一个主体即统治者可以对另一主体即被统治者的行为产生决定性影响。一旦明确了这一区别,就更容易理解什么是顺从了:在主体 A 和主体 B 之间的统治关系(统治 1)中,存在 A 对 B 的统治行为(统治 2)和 B 对 A 的顺从行为。

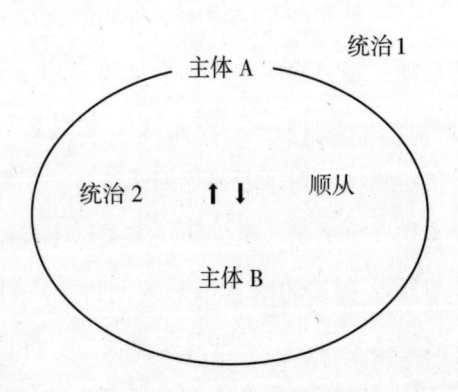

```
             主体 A           统治 1

       统治 2    ↑↓    顺从

             主体 B
```

某些统治关系中不存在顺从——在力量悬殊的情况下通过暴力实现的统治便属于这一类情况，统治1（统治关系）因此完全建立在统治2（统治行为）之上。在这种情况下不存在B对A的顺从是由于屈从的一方并没有真正意义上的屈从**意志**，因为对于他来说不服从便意味着死亡。这种建立在暴力之上的统治本质上是不稳固的，因为一旦暴力消逝，统治也将不复存在。此外，我们还可以设想另外一种情况，即没有统治行为，而统治关系的存在仅仅依赖于B对A的顺从——这便是通常所说的自愿顺从。正如马索克*（Sacher-Masoch）在其作品中所描述的那样，男性受虐狂希望成为女性主人的奴隶正是自愿顺从的一种典型表现。不过，虽然存在以上两种极端情况，但在大部分情况下，统治关系都是由统治行为和顺从行为交织而成的。

重访波伏瓦

以上关于统治存在形式的图解让我们得以更好地理解我们的主题：研究女性顺从，就是研究那些处在一种统治关系中而不作反抗的女性的行为或处境。我们摒弃统治者的视

---

* 19世纪奥地利作家，代表作为《穿裘皮大衣的维纳斯》，单词masochisme（受虐癖）即来源于马索克的名字。

角,转而从**自愿**顺从的女性的角度来审视男性统治。我们不再以旁观者的姿态对女性的从属地位作客观的描述,而是对男性统治下女性的真实感受作深层次的思考,从而以"自下而上"的方式展现一种主观经验。当然,我们不再遵循顺从是女性天性这一观点,也不再把顺从看作违背天性的、不道德的或是父权制导致的被压抑的虚假意识(虚假意识是马克思主义理论的一个概念,是指资本主义社会的物质和个人主义对无产阶级及其他阶级的误导)的反映;相反,本书的目的在于以开放的态度探讨女性所经历的这种顺从究竟是什么,它是如何表现出来、如何被体验的,我们又该如何对其进行解释。

恰好,有一位女性主义哲学家做过一系列理论工作,她的研究能帮助我们更全面地理解这一问题的复杂性。这位举世闻名的哲学家创作了20世纪乃至整个哲学史上阅读量最高且最畅销的哲学著作——她就是西蒙娜·德·波伏瓦,这部作品便是《第二性》。波伏瓦的哲学研究采用某种形式的历史反讽(对此我们将有机会展开思考),她的成果在全世界范围内被认可、被评论、被研究,除了法国——在法国,她在人们眼中的形象往往只是萨特的忠实伴侣或一位畅销书作家。因此,除了借助《第二性》中的哲学分析来理解女性顺从及其原因，本书的第二个目标是：使法国读者相信，波伏瓦是一位真正意义上的哲学家，她强大的哲学思想能够引导我们对身处的世界进行思考并使其变得更加美好。

顺从的男性常常因缺乏男子气概而受到嘲笑,而女性对男性的顺从却被当作女性气质的典范。

2 女性顺从:一种同义反复?

任何人想要研究女性顺从首先都必须面对这样一个问题：由于天性论的观点显然对女性不利，有些人便索性对顺从现象视而不见，宣称根本不存在女性顺从——这只是众多性别偏见中的一种。然而，惯用语言、古典和流行文化以及媒体的渲染似乎都向我们表明，在顺从中存在某种女性化的东西，或者说，在女性气质中存在某种与顺从有关的东西。顺从的男性常常因缺乏男子气概而受到嘲笑，而女性对男性的顺从却被当作女性气质的典范。对此我们又该如何看待呢？

女性喜欢受虐吗？

当我们谈论顺从时，这些形象总是会自然而然地出现在我们脑海中：顺从的女人、奴隶、战败的士兵。不管是对于奴隶——一般而言均为**男性**奴隶——还是对于士兵，顺从都是某种使他们无计可施的人身约束所导致的结果。士兵也许是因为不够强大才无法逃脱顺从的命运，但除此之外他们对这种顺从并不负有责任。然而，对于女人来说，顺从似乎是她主动选择的，因此女人需要对此负责；在这种情况下，顺从是一种自愿的被动性，它要么是受人尊敬的女性的态度或人们期望她有的态度，比如等待奥德修斯归来的珀涅罗珀，要么是一种退化的女性气质——这也是女权组织"不做妓女,也不顺从"反对的对象。如果我们把顺从看作一个**道德**问题,因为这意味着自愿放弃自由和道德沦丧,我们脑海中首先浮现出的典型形象便是女人。

将顺从归为女性典型气质的做法反映了一种普遍观点,即女性天生具有受虐倾向,这种受虐倾向正是家庭暴力和劳动力市场不平等现象的根源。虽然这一观点的谬误已经一次又一次地得到证明,[1] 但由于其传播之广,我们有必要追溯至弗洛伊德提出的受虐狂理论,探究这种谬误形成的根源。受虐狂给精神分析带来的问题在于,遭受的痛苦和获得的乐趣之间显然存在矛盾,尤其是在性爱中。这不仅仅是一个心理学上的问题——从痛苦中获得快感是否是一种倒错(perversion)或反常行为?——同时也是一个逻辑问题。事实上,快感和痛苦是相互定义、互为对立的,因此,受虐狂似乎违反了不矛盾律。我们不可能在获得快感的同时感到痛苦,反之亦然。虽然以痛苦为乐在理论上无法实现,但是医生和精神病学家却在实践中发现,他们的一些病人确实能够从痛苦中获得快感;由于逻辑上的矛盾性,他们将这种快感归结为倒错现象。正是受这一问题的困扰,弗洛伊德于 1905 年至 1924 年间写下了三篇文章,为精神分析视角下的受虐狂奠定了基础[2]:《性变态》(Les aberrations sexuelles, 1905)、《一个被打的小孩》(Un enfant est battu, 1919) 和《受虐狂的经济问题》(Le problème économique du masochisme, 1924)。

弗洛伊德认为，受虐狂是从施虐狂衍生而来的，是施虐狂发展到第二阶段的产物。的确，如果我们像弗洛伊德一样，把力比多 (libido) 看作某种自我保存的本能，那么受虐倾向的存在就解释不通，因为它所表现出来的破坏性似乎恰恰与自我保存本能相悖。为了解决这一矛盾，弗洛伊德假设施虐狂（被视作施加痛苦的性欲望）和受虐狂之间存在先后关系；他认为，受虐狂是施虐狂的对立面，是施虐狂退化而形成的一种次级形式。那些诸如弗洛伊德在《一个被打的小孩》中研究的幻想表明，受虐心理伴随着负罪感出现：孩子有乱伦和施虐的欲望，他因为这种幻想产生罪恶感，欲望由此转变为受虐心理。[3] 因此，受虐心理的特殊性就在于，它源自负罪感；快感被转移到痛苦和羞辱中。受虐心理不再被视为一种被动的反常现象，而是被压抑的施虐冲动对自我的反向作用（在弗洛伊德研究的例子中，孩子希望父亲殴打另一个孩子，以证明父亲不爱那个孩子）。

根据这种受虐反向作用的乱伦色彩，弗洛伊德提出了受虐性别差异的假设：受虐心理中或许存在一种**女性**特征。他在尝试探究性别因素对病人的幻想产生的影响时注意到，男性患者所表现出来的受虐倾向"与女性态度相吻合"，[4] 也就是说，受虐狂只不过是这些男人身上的女性化被动性的一种表现。在尚未得出男性和女性的幻想之间确切的对应关系时，弗洛伊德认定，"在两种情况下，对殴打的幻想都源自对父亲的乱伦依恋"；换句话说，对女人而言，受虐狂是其俄狄浦斯情结自然而然的结果，而对男人而言，受虐狂代表着"反向俄狄浦斯情结"，因为它的对象是父亲。总之，女人具有受虐心理是正常的，而男人却是反常的。

在《受虐狂的经济问题》中，弗洛伊德进一步探讨了这种将受虐狂与被动性女性特征联系起来的观点。他将受虐狂分为三类：**性**受虐狂（masochisme érogène）、**女性**受虐狂（masochisme féminin）和**道德**受虐狂（masochisme moral）。[5] 性受虐狂即原初的受虐狂，主要指在性行为中通过遭受痛苦获得的快感；虽然弗洛伊德把它视作另外两类受虐狂的源头，但他并没有对其作出解释。[6] 女性受虐狂并非女人所具有的受虐狂，相反，它被认为只表现在反常的**男人**身上，是男人从被动性中即在精神和性爱上处于被动状态时获得的快感。在弗洛伊德看来，主动性和被动性的对立是性别差异的核心，是构成男性（主动性）和女性（被动性）定义的主要因素；因此，对被动性的欲望便被视为一种女性化欲望。弗洛伊德认为，女性受虐狂是最容易被观察到的，因此也是最先被分析的；它建立在原初受虐狂的基础上，并表达一种负罪感。

道德受虐狂概念的提出是弗洛伊德思想的一大创新，它将那些自我鞭挞的行为纳入受虐狂的范畴。这一类受虐狂表现为极端的负罪感。它与其他形式受虐狂的两大区别在于，一方面，道德受虐狂没有性的意味——"它与我们所知的关于性爱的一切无关"，[7]另一方面，施加痛苦的人的身份不再重要，因为它所寻求的对象就是痛苦本身。

弗洛伊德对受虐狂的分析表明了顺从和女性气质之间的联系：他所指的女性受虐狂对女人而言不是倒错，但对**男人**而言是倒错。女人具有受虐倾向是正常的，她们的女性气质是被动的、基于负罪感的，因此天生有受虐倾向。受虐狂只有在男人身上才会产生问题，因为这与他们主动的天性相悖。这种将主动性和主导地位等同于男性气质、将顺从和被动性等同于女性气质的观念在一定程度上解释了人们对顺从持负面看法的原因：顺从意味着甘愿低人一等，就像女性低男性一等一样。

顺从是女性美德？

弗洛伊德对受虐狂和女性气质的看法是建立在本质主义的基础之上的：女性的天性中存在某种东西，使她们注定是被动的，注定在性关系中表现出顺从并忍受痛苦。然而，无论是在各类著述还是在古典文化中,这种顺从于女性而言都不是天赋的:神学、道德哲学和文学作品都花了大量篇幅来要求女性学会顺从,并教导男性如何实现征服;由此可见,顺从只是**男性**视角下的一种女性典型行为,或者说一种必要的女性美德,而并不是女性与生俱来的态度。

一些宗教典籍教导女性不仅要顺从上帝,而且要顺从于她们的丈夫。在《新约》的《以弗所书》* 中,女性的顺从强化了人类对上帝的顺从:

> 当存敬畏基督的心,彼此顺服;你们作妻子的,当顺服自己的丈夫,如同顺服主;因为丈夫是妻子的头,如同基督是教会的头,他又是教会全体的救主。教会怎样顺服基督,妻子也要怎样凡事顺服丈夫。你们作丈夫的,要爱你们的妻子,正如基督爱教会,为教会舍己;要用水藉着道把教会洗净,成为圣洁;可以献给自己,作个荣耀的教会,毫无玷污、皱纹等类的病,乃是圣洁没有瑕疵的。丈夫也当照样爱妻子,如同爱自己的身子,爱妻子便是爱自己了。从来没有人恨恶自己的身子,总是保养顾惜,正像基督待教会一样,因我们是他身上的肢体。为这个缘故,人要离开父母,与妻子连

---

* 《新约》中的一卷,传说是使徒保罗在罗马监狱中所写的书信。

合,二人成为一体。这是极大的奥秘,但我是指着基督和教会说的。然而你们各人都当爱妻子,如同爱自己一样;妻子也当敬重她的丈夫。[8]

《古兰经》中的一些章节同样也规定了女性应当顺从于她们的丈夫,由此可以推断,女性的顺从强化了信徒对真主的顺从:

> 男人是维护妇女的,因为真主使他们比她们更优越,又因为他们所费的财产。贤淑的女子是服从(于她们的丈夫)的,是借真主的保佑而保守隐微的。你们怕她们执拗的妇女,你们应该劝戒她们,应该与她们异床而眠,可以打她们。如果她们服从你们,那末,你们不要再想法欺负她们。真主确是至尊的,确是至大的。[9]

关于这些宗教文本可以有许多种不同的解释,字面上的解读远不是唯一可行的,甚至未必是可取的,[10]但是以上两段文字都反映了女性的顺从同信徒的顺从之间是如何被等而视之的。

在哲学领域,卢梭在《爱弥儿》中所述的对苏菲的教育体现了同样的思想,即将顺从视为一位贤妻良母必须具备的品德。卢梭在书中描述了爱弥儿教育的各个不同阶段，每一个阶段都旨在逐步促进其道德情感的发展，这些情感又是在主人公才能不断被激发的过程中形成的。在前四卷中，爱弥儿的教育可以被认为是一种适用于所有儿童的教育典范，而到了第五卷，卢梭针对爱弥儿未来妻子苏菲的才能发展，转而探讨了关于女子教育的思想，且苏菲的教育与爱弥儿的教育完全不同。在论证了男性和女性天然存在差异之后，卢梭主张两性之间应当具有互补性，且这种互补性应建立在男性的主导和女性的顺从之上：

> 我无论是从女性特殊的天职方面去考虑，还是从她们的倾向或义务方面去考虑，都同样地使我了解到什么样的教育才适合于她们。妇女和男子是彼此为了双方的利益而生的，但是他们和她们互相依赖的程度是不相等的：男子是由于他们的欲望而依赖女人的，而女人则不仅是由于她们的欲望，而且还由于她们的需要而依赖于男人；男人没有女人也能够生存，而女人没有男人便不能够生存。她们想要获得生活的必需品，想要保持她们的地位，就必须要我们愿意供给她们的生活必需品，就必须要我们愿意保持她们的地位，就必须要我们认为她们配享受这些东西；她们要依赖于我们的情感，依赖于

我们对她们的功绩的估计和对她们的品貌的尊重。由于自然法则的作用，妇女们无论是就她们本身或就她们的孩子来说，都是要听凭男子来评价的。她们不仅是应当值得尊重，而且还必须有人尊重；她们不仅是要长得美丽，而且还必须使人喜欢；她们不仅是要生得聪明，而且还必须别人看出她们的聪明；她们的荣耀不仅在于她们的行为，而且还在于她们的名声；一个被人家看作声名狼藉的女人，其行为不可能是诚实的。一个男人只要行为端正，他就能够以他自己的意愿为意愿，就能够把别人的评论不放在眼里；可是一个女人，即使行为端正，她的工作也只是完成了一半；别人对她的看法，和她实际的行为一样，都必须是很好的。由此可见，在这方面对她们施行的教育，应当同我们的教育完全相反：世人的议论是葬送男人的美德的坟墓，然而却是荣耀女人的王冠……你必须把你叫女孩子去做的事情的意义给她们讲清楚，但是一定要她们把那些事情做好。懒惰和桀骜不驯是女孩子的两个最危险的缺点，而且，一有了这两个缺点，以后就很难纠正。女孩子们应当做事细心和爱劳动；这还不够，她们从小还应当受到管束。如果这样做对她们是一种苦楚的话，这种苦楚也是同她们的性别分不开的；而且，要是不受这种苦楚，她们将来一定会遭受更大的痛苦的。她们一生都将继续不断地受到最严格的约束：种种礼数和规矩。必须首先使她们习惯于这种约束，她们才不会感到这种约束的痛苦；必须使她们习惯于控制她们种种胡乱的想法，以便她们自己能使自己顺从他人的意志。[11]

卢梭从男女之间的性差异中推导出一种道德差异，这种差异使得女性成为人云亦云的存在而非有理性的独立的人，成为顺从的奴仆而非自由的主人。这种道德差异的提出是基于一种观念，即女人是缺乏理性的，因此她们只能受天性和本能的支配，无法抑制自己无休无止的性欲望；相反，男人所具有的理性使他们能够抵抗欲望并使之升华，从而通过这种自制力来创建一个政治社会。

与弗洛伊德的论调不同的是，根据卢梭的观点，顺从与其说是女性的天性使然，不如说是人们对两性和谐相处的必要条件的普遍观念所导致的结果。为了使爱弥儿作为男人和公民能够幸福，他的身边需要一个顺从的女人。然而，这种顺从是需要一套完整的教育流程才能培养起来的：如果说顺从存在于女人的天性中，那么此处的"天性"已完全不存在"天然"的含义。在弗洛伊德看来，顺从是女性精神的、几乎是生物意义上的天性的体现，也就是说，他所指的天性是描述性的；而卢梭概念中的天性却是规范性的：女人应该顺从，只有这样才能成为完整意义上的女人，也就是男人的妻子。不是作为女性个体而存在的女人，而是符合父权制社会中关于女性气质的中规中矩的女人，才是此处的关键所在。

我们可以发现，顺从和女性气质是紧密联系、不可分割的：顺从被视作女性应有的态度，是女人实现其女性天性的方式，是从根本上区别男性和女性的关键因素。女性气质中必然存在某种顺从性，而顺从中又必然存在某种女性化特征。

做女人，就意味着顺从

一旦把顺从当作女人的天性，神学、古典哲学和古典文学中存在的两性社会等级分化就显得合情合理了，因为这是女性对男性自然而然的顺从造成的结果，而不是男性对女性的统治。事实上，将顺从定义为女人的天性，暗示了男人无需做任何事情就能让女人服从他们，无需为这种性别等级差异承担任何责任。这一隐含意义非常重要，因为它使得性别等级不再同人生而自由平等的观点——按照这一观点，顺从在原则上是不道德的——相抵触。既然女性不是因为男性而被迫处于顺从的境地，既然她们的顺从是存在于天性中的自由选择，而不是出于男性的统治，那么社会中的男尊女卑的现象就不是基于不平等的。

尽管这种看待女性气质与顺从之间联系的方式是最常见的，但正如美国哲学家和法学家凯瑟琳·麦金农*（Catharine MacKinnon）所指出的那样，这种联系同时也是对社会父权制度进行彻底批判的工具。麦金农在两性关系方面的工作是隶属于她关于社会和政治现实的系统性研究项目的一部分，但它仍然不乏实际意义：麦金农首次提出了性骚扰的法律概念，她是美国反色情斗争中最重要的两位人物之一，她也在波黑战争后使"强奸"作为一项战争罪在国际法上得到承认。在她的理论著作中，她对人类社会采取全面的视角，并试图通过社会科学和对现实情况的具体分析来揭示女性所受压迫的作用机制。她分析的核心论点是："差异只是统治集团使用的障眼法。问题不在于差异没有被重视，而在于差异是由权力主导者定义的。"[12] 麦金农认为，性别差异是男权统治的结果而非成因，并且它有助于掩盖这种统治的事实。这一反直觉的、激进的而又强有力的论点是建立在一系列复杂的论证之上的。

---

* 美国女权主义法学家，密歇根大学法学教授，主要致力于研究国际和宪法框架下的男女平等问题的。

性是政治的

麦金农论证的出发点是,社会性(le social)和性(sexualité)之间存在着一种双向关系——社会性由性决定,而性又由社会性决定;因此,如果不考虑性的层面,我们就无法理解性别关系(rapports de genre)。麦金农反对人们——包括女权主义者在内——普遍接受的对生理性别(sexe)和社会性别(genre)的区分,即生理性别仅与生物学意义上的差异有关,而社会性别由个体身份中社会构建的部分决定;她认为,生物性和社会性是不可分割的,如果要区分生理性别和社会性别,就会导致生物性和社会性相互独立的观念的加深。因此,麦金农主张需要一个关于性的(女性主义)政治理论,这样一个理论应"把性置于性别不平等理论——即男性对女性的等级优越性——的框架内"并"把性视作一种男权的社会构建"[13]。

麦金农抨击的第一个观点是,男欢女爱是天性使然,因此爱就要随心所欲、无所顾忌。她反对弗洛伊德的理论,反对20世纪70年代性革命的核心追求,即解除性压抑(déprimer le sexe)和充分满足自己的性欲;她认为性是被构建的,是男性统治构建了性,而那种解除性压抑的愿望——麦金农有意避免使用性解放一词——实际上是为了满足男性的性欲望。

例如，这体现在我们对性的表征上：正常的性交是男性阴茎插入女性阴道，并在男性达到高潮时结束。这一表征继承了弗洛伊德的看法，[14] 基于男性视角之上。麦金农认为，这一视角反映了男性对女性施加的权力：正是因为男性处于主导地位，他们才能够以他们自身获得性快感的途径来定义性，并且宣称这种定义是客观的。而解除性压抑的诉求仍然为男性的性利益服务：声称女人对频繁性交的渴望是一种天性，男人便为自己赢得了更多的性资源；鉴于男性和女性之间的权力关系，这种解除性压抑的诉求很有可能成为男性满足性欲望的工具。

麦金农用另一个有关男性欲望和权力的论点来支撑她对"性是天性使然"的驳斥："男性统治是性的统治。"[15] 这不仅仅是说男性享有对女性的性权力，而且也意味着统治是男性性行为的核心，而性也是男性统治的核心——这也是麦金农思想最主要的贡献。在麦金农看来，色情文艺向我们表明，真正让男性性亢奋的并不是性爱本身，也不是插入行为，而是通过性体现出来的权力。关于男性对色情文艺的反应的定量数据说明，色情文艺中能激发并维持男性性亢奋的正是对女性施加的暴力；[16] 另外，这些数据也可以向我们解释为何**主流**色情文艺的标准向越来越暴力的方向演变——无论是肉体上的暴力，还是象征性的暴力（如轮奸、颜射等）。因此，麦金农推断，相比于假想的性爱本身，等级地位和权力，也就是对女性的统治，才是男性在性行为中追求的目标。

由于统治在男性性行为中占据核心位置，所以女性往往被视作一个用于满足男性性欲的工具、一件可以被支配的物品。因此，存在男性对女性的性统治，但这种统治不仅局限在与社会其他方面隔绝的性领域——它影响着人类社会的方方面面。如果麦金农所说的"等级"，即不平等的权力关系，才是让男性亢奋的原因，如果男性所处的社会地位可以让他们充分满足自己的欲望，如果性别这一区分男人和女人的要素成为社会等级的轴心，那么我们就应该将性别视作男性统治欲望的社会表现形式。

性别的社会构建和性构建

因此，对"性是天性使然，天性是好的"这一观点提出质疑，有助于我们理解性和社会结构之间的双重关系，从而理解男性统治是如何决定性别差异的。事实上，对解除性压抑的诉求的分析表明，男性的社会权力根据自身的利益塑造了性,因此,只有符合男性欲望的性才是"正常的"性。麦金农的独创性在于,她提出这种关系远不止于此:代表男性利益的性被认为是天性的自然流露,并因此受到推崇;这种把性"自然化"的做法消解了它意识形态层面的内涵,也掩盖了性对社会结构产生的影响:性是性别差异建立的基础。性角色的分配构建了社会生活中男性和女性的差异;男人是性主导者,而女人是性顺从者:

> 男性权力以男性作为性别想要的性的社会形式,它以社会定义中的权力自身为核心。男性气质代表拥有权力,女性气质则代表不拥有。男性气质先于男性性别,女性气质先于女性性别,而男性的性欲望定义了这两种气质。尤其"女人"是以唤起和满足男性欲望来定义的,从社会属性而言与"女性性爱"(sexualité féminine)和"女性性别"(sexe féminin)并无二致。那些可允许的对待一个女人的方式——也就是大众眼中那些不会造成冒犯且符合女人天性的方式——正反映了男性性利益及其需求的特点。[17]

男性(le masculin)和女性(le féminin)通过对统治和顺从的爱欲化(érotisation)而被创造出来。男人和女人之间的差异与统治和顺从之间的动态关系是互相定义的。这就是性别的社会意义,也是女性主义关于性别不平等的独特解释。[18]

以上两段文字的论证非常有力:它表达的观点是,没有什么是天性使然,一切都是社会性构建的——这就是所谓的完全社会构建论(constructivisme social total);它赋予性以中心地位,并否认任何生物因素的作用。它代表了一种激进的观点,即两性之间的生物性差异与男人和女人之间的差异无关。[19] 我们总是习惯性地认为,男性和女性主要是由男人和女人的身体特征决定的(也就是说,我们把男人的身体或生物特征视为男性特征),然而,麦金农认为,男性和女性的区别先于男人和女人的区别;男性和女性的区别是男性统治的产物,是建立在社会性和性的相互决定关系上的。这种循环关系很难用线性的方式来解释,但它作用的总体逻辑是:男权统治根源于性而又渗透到社会生活的各个方面,它对社会的影响又反过来助长了个体的幻想,从而助长了人们在性行为中的统治欲望,而这又进一步强化了社会中的性别等级。

麦金农提出这一理论不是为了厘清男性统治的起源,而是为了揭示它持久不变的本质和作用方式。她在另一部作品中承认,一个群体对于另一个群体的优先性起初是必要的,因此，她假设男性最初是通过武力夺取了对女性统治的权力。[20] 但是这一假设并不是核心的：麦金农首先是一位法学家，她分析性别差异是为了揭露法律的缺陷。[21] 她最主要的目标是阐明女性因身为女性而受压迫的系统性特征以及这种压迫延续的方式。

顺从定义女性气质

在麦金农看来，男人和女人的差异以统治和顺从的对立为蓝本：人们称统治者为"男人"，称顺从者为"女人"。因此，顺从定义了女性气质。麦金农并没有简单地说，男人对女人的权力构建了男性和女性之间的差异（这是一个所有女性主义者们——无论激进与否——共同的观点）；她提出了一种更为激进的论断，即统治和顺从是两性差异构建的基础，尤其是男性对女性的权力使他们能够根据他们自身获得性快感的途径来界定男女差异，男性因此以权力来定义自身，以他们希望女性对他们采取的态度来定义女性。事实上，在我看来，[22] 麦金农选择使用"顺从"一词而不是"从属"（subordination）一词并非偶然。从属是支配的一种客观结果，比如妻子因婚姻合同而从属于她们的丈夫。支配和从属这一组客观概念并不构成两性差异的基础；女性气质不仅仅是"不拥有这种权力",而是无法拥有它、认同它。麦金农认为,顺从是一种符合男性性欲望的女性态度。正如色情文艺所反映的那样,色情文艺代表的是男性欲望,一方面,它体现了女性的"性对象化",也就是说,女性从属于男性,直至她们丧失了主体身份,沦为纯粹的泄欲工具;[23]另一方面,色情文艺也表明,由于她们的顺从态度,女性在某种程度上默许了这种性统治。

从弗洛伊德到卢梭再到麦金农,有一点是明确的:顺从中必然存在某种女性化特征,而女性气质中又必然存在某种顺从性。然而,无论是把女性顺从视作与生俱来的、被要求的还是被构建的,他们的观点中都存在一种缺陷:他们讨论的焦点都是女性气质而不是女人,因此他们话语中的规范性和描述性的界限被模糊化了。以顺从为内涵的女性气质是所有女人共有的吗?还是仅仅为某些女人所有?身为一个女人而不顺从是否可能?我们要面对的问题是,如何准确理解顺从、女性气质和女人日常生活三者之间那种看似密切关系的性质——作为本性的顺从和被构建的顺从之间的截然对立并不能解决这个问题。拒绝在壁垒分明的本质论和完全构建论之间作出抉择的西蒙娜·德·波伏瓦在《第二性》中的论述能够帮助我们厘清这个问题。

女人是处在某种独特处境中的个体。

3 女人是什么?

波伏瓦在《第二性》中的研究表明，顺从中存在某种女性化的特征，因为顺从对女性来说是一种命运：做女人，就意味着要做一个顺从的人，这种顺从是外界要求的。这并不是说顺从是女性的天性，也不是说它是不可避免的；事实上，来自社会的压力是巨大的，以至于很难从中逃脱。为了理解波伏瓦是如何将顺从作为她研究的核心，必须首先对她的性别差异观念进行分析，她的性别差异观念有助于调和女性顺从的天性论和纯粹构建论之间的紧张关系。我们已经看到，在剖析女性气质和顺从之间的联系时，一个关键的问题是，女性顺从中是否存在某种**固有**的东西，顺从是否是来源于女性的天性或本质。波伏瓦非常巧妙地回答了这个问题，她同时避免了本质论和构建论的陷阱。在她看来，不存在永恒不变的女性本质，但如果说对于女人和男人，除了我们称呼他们的方式之外没有任何区别，那也是错误的。女人是处在某种独特**处境**中的个体。

性别差异不是一个本质问题

波伏瓦对本质论的摒弃是基于一个存在主义观点，即我们可以提出哲学家们所谓的本质问题，而不必假定必须在生物或形而上学本质中找到答案。

一个哲学问题

事实上，波伏瓦在《第二性》中想要回答的核心问题是一个自苏格拉底以来哲学家们所称的本质问题，因为她考察的是一个概念的本质或本性："女人是什么？"波伏瓦在其回忆录中解释，她构思和写作《第二性》的目的是为她的自传作品作铺垫：正值她试图开始写作自传却遇到困难之际，在一次与萨特的谈话中[1]，她意识到，对自身的女性气质进行一次深度探究是自传写作的必要前提。因此，波伏瓦决定，在开始对自身和自己的生活进行写作之前，必须首先回答一个苏格拉底式的问题，因而也是一个典型的哲学问题："女人是什么？"

然而，这样一个问题被应用在"女人"身上，却似乎印证了那种存在女性天性的观点：当苏格拉底思考"美德是什么"的时候，他寻找的是一种能够表现美德固有属性的定义。这种对天性或本质的探求（在古希腊语中，"是什么？"的问题指向 *eidos*，这一词可以被翻译为"天性"或"本质"）在涉及"女人"的概念时，似乎会把我们导向本质论的观点，即存在区别于男性本质的女性本质。波伏瓦在《第二性》导言的第一页便以这样的方式提出了她的核心问题，并且，她在整本书中不断地使用"女人"这一总称而非"一些女人"；种种迹象似乎向我们表明，波伏瓦认可了女性天性的观点，她似乎是一位"本质主义者"，她假定了男人和女人之间具有本质差异。然而，本质论的观点被运用到性别差异领域时却造成了问题：正如我们在卢梭和弗洛伊德身上所看到的，本质论被用作男性统治开脱的工具——他们声称统治是男人的天性，而顺从是女人的天性。因此，本质论似乎构成了女性解放的一个障碍。[2]

反对本质论

事实上，波伏瓦提出这个本质问题并不是为了给出一个本质主义答案。区分几种不同类型的本质论有助于我们更好地理解她对本质论的批判。

说到性别差异，我们首先想到的，也是最显而易见的本质论是生物本质论（essentialisme biologique）。它所代表的观点是，两性之间存在足够显著的生物差异，因而也存在男性本质和女性本质的区别。波伏瓦并不否认男女之间的生物差异，她批判的是生物决定论（déterminisme biologique），即生物差异决定男人和女人，也决定他们各自不可避免的命运。波伏瓦提出了一个论据："并非所有拥有女性性别的人就是女人;她必须具有这种神秘的、受到威胁的实在,即女性气质。"[3]男性和女性之间的生物差异不足以解释男人和女人在社会中的分工,更不能用来解释社会赋予女性气质的那种近乎神秘的色彩。

其次,波伏瓦反对的第二种本质论是所谓的形而上学本质论(essentialisme métaphysique),即一个物体或一种存在具有某种属性或特质,它是依据这种属性或特质才成为这个物体或这种存在的。这正是柏拉图和苏格拉底的本质论。打个比方,三角形的本质是一个有三条边的多边形。就性别差异而言,形而上学本质论认为性别中存在一种完全独立于社会构建的真正的本质;女人有她特有的属性,这些属性就像三角形的三条边一样明确地定义女人的本质。这样的本质论带有不变论(fixisme)的色彩,它基于一种理念,即形而上学本质具有一个不随时间变化的实在;因此,正如永恒女性假说所主张的那样,所有女人都具备一种永恒不变的女性气质。波伏瓦利用"生物和社会科学"对不变论提出质疑,驳斥了这种女性气质固定不变的本质——由于不变论和形而上学本质论是密切相关的,只要证明不变论是错误的,永恒女性气质的假说就不攻自破。

最后,波伏瓦还批判了语言本质论(essentialisme linguistique)的观点,即所有人在使用"女人"这个词时谈论的都是同一事物。波伏瓦表示,"女人"一词不仅是描述性的,而且还有可能是规范性的。比如,新闻媒体哀叹女性气质消亡时说"这个世界上再没有女人了",这里的"女人"所包含的意义与统计研究中用来指代受访者性别的"女人"的含义完全不同——后者仅代表一种类别,而前者反映的则是女性气质的标准。

波伏瓦反对本质论,她说:"肯定的是,女人像男人一样也是人。"[4]那么,她又为何要花那么多心力写下一部皇皇巨著来探讨第二性呢?

女性气质是一种社会构建?

波伏瓦反对本质论,但她并没有因此采取麦金农所持的观点,即只有社会结构才是解释男女群体之间差异的唯一因素。相反,波伏瓦认为,我们既要警惕本质论,又要防范唯名论(nominalisme),即"女人不过是人们随意用'女人'这个词指定的那一部分人"[5]的观点;在她看来,这是一种盲目的态度:说男人和女人除了我们称呼他们的方式之外没有任何区别,就是无视社会秩序的现实,无视男人和女人之间真实存在的种种差异。只要我们在街上走一走,就能分辨出男人和女人。另外,值得一提的是,那些不遵循这种区别的群体的存在并没有违背这一显著的事实：正是因为有一些人不能被轻易地归入一个类别，所以一部分民众将他们斥为"怪人"[6]。面对社会秩序中这种显而易见的性别差异，我们必须将女人也是人这一事实和性别差异不容忽视这一事实结合起来考虑。因此，波伏瓦认为，我们必须提出一个本质问题——女人是什么？这并不是因为女性本质不同于男性本质——如果这里的"本质"指的是女人特有的天性——而是因为性别差异[7]是波伏瓦所说的"处境"[8]的一个重要组成部分。

在分析波伏瓦使用这一概念的用意之前，需要注意到的是，她拒绝加入本质论和唯名论中任何一方的阵营，因此，在《第二性》之后的女性主义关于本质论和构建论的争论中，波伏瓦代表了一种全新的立场：她认为，不仅不存在女性本质，而且同样不存在纯粹是社会构建的女性气质。通过《第二性》中最著名的一句话，即"女人不是天生的，而是后天形成的"，波伏瓦成为包括美国哲学家朱迪斯·巴特勒*（Judith Butler，她的研究引发了许多关于社会性别的思考）在内的大部分读者眼中承认性别具有构建特性和社会在性与性别之间建立必然联系[9]的先驱。说女人不是天生的，

---

* 美国著名思想家、性别研究学者，在女性主义批评、性别研究、当代政治哲学和伦理学等学术领域成就卓著。

那是因为性别——也就是女性气质的自然方面——无关任何决定论；之所以女人是后天形成的，是因为社会的作用导致了这种差异。实际上，波伏瓦的观点并非完全如此。她写道：

> 女人不是天生的，而是后天形成的。任何生理的、心理的、经济的命运都界定不了女人在社会内部具有的形象，是整个文明设计出这种介于男性和被去势者之间的、被称为女性的中介产物。[10]

波伏瓦拒绝只在单一框架内解读性别差异，无论是生理的、精神分析的还是经济的——也就是马克思主义的。相反，她主张必须将性别差异作为一个整体来考虑，而不应该让一种思维方式凌驾于另外一种之上，仅仅从一个角度来理解问题。波伏瓦给予生物学的地位与巴特勒完全不同。诚然，波伏瓦与巴特勒一样反对生物决定论的假说。不同的是，正如她在《第二性》的第一章《生物学论据》中所阐述的那样，她并不否认生物的二元性——人类中存在雄性和雌性，且他们的差异是显而易见的；同样，她也不否认雄性和雌性之间的生物差异对男女差异产生的影响——这些生物差异影响的是社会中人们对男女差异的看法，但是，男女差异并不是不可逆转地建立在生物差异之上的:[11] 也就是说,生物学论据确实存在,但这些论据无论如何都不可能创造出一种我们无法逃脱的命运。

就这一点而言,波伏瓦的哲学确实是存在主义的:人类有一种存在先于本质的特殊性。女人是什么并不取决于预先存在的本质,而是取决于她在世界上生存的方式。这种社会属性造成的结果是,一部分生物差异有着重要的意义,而另外一部分则与女性气质的界定没有任何联系[12]。在性别差异中,人类的社会性互动所起的作用要重要得多,也只有这种社会性才能赋予生物差异以意义。

波伏瓦和巴特勒立场的分歧来源于她们关于社会构建的观点的不同。巴特勒所持的是纯粹社会构建论,即性别完全是一种社会构建,这一论断与后现代的观点有着隐秘的联系,即不存在独立于我们的实践或语言的现实,[13] 真理和现实的概念只是统治者为了掩盖他们的权力而虚构出来的。然而,波伏瓦写下"女人不是天生的,而是后天形成的"并不是为了得出这样的结论。一方面,她拒绝把生物差异视作性别差异的决定性因素,而是将社会现实置于最主要的位置,但她并没有因此否认生物差异存在的事实;另一方面,更为重要的是,她没有就此得出结论说性别差异是虚假的或错误的,而是仅仅把这种差异置于社会性中去考量。

处境和性别差异

"处境"的概念使我们能够克服本质论和唯名论之间的对立;它既体现了女性面临的一种社会命运——一种先于她们而存在并制约她们的生活的规范,同时也暗示了女性超越这种社会命运的可能性——不是要把它看作纯粹偶然的,而是要捍卫自己的自由并战胜命运。波伏瓦在导言中写道:

> 当一个个体或者一群个体被控制在低人一等的处境中,事实是他或他们就是低人一等的;但是必须理解就是这个词的含义;自欺的做法是赋予它一种实质性的含义,而它实际上却有着黑格尔式的动态意义:就是意味着已经变成,亦即已经成为他或他们所表现出来的那种样子;是的,大体上,女人今日就是低男人一等,换句话说,她们的处境给她们提供的可能性很小,而问题在于要知道这种状态是否应该持续下去。[14]

"处境"这一概念既凸显了女性低男性一等的事实,也使这个事实得以"历史化"了,也就是说,它向我们表明这样的劣势不包含任何自然的、既定的成分。波伏瓦反对柏拉图式的本质论,她主张必须将这种劣势视为一种史实;因此,我们既应该追溯它的过去,把它视作某种压迫导致的结果、某种已然发生的事实,也应该思考它的未来,亦即思考女性解放的可能性。

有别于萨特

人们对《第二性》一个最根深蒂固的偏见是,波伏瓦作为萨特的"门徒"——一些人甚至称她为"伟大的女萨特"(la Grande Sartreuse)——只是在书中复述了萨特的哲学思想;然而,我们从《第二性》的开头就能清楚地看到,波伏瓦所说的"处境"和萨特定义的"处境"并不是两个相同的概念。

在1943年萨特出版的《存在与虚无》(*L'Être et le Néant*)一书(比1949年出版的《第二性》早六年)中,处境的概念同自由(liberté)和人为性(facticité)即我们存在中的偶然性有内在联系。萨特认为,人类本质上是自由的,无论他们存在的最初状况如何。这并不意味着个体所处的社会、历史和经济条件不存在或不应被考虑,而是意味着这些条件纯粹是偶然的,它们属于一种人为性,一种没有道理可言的、偶然的既定,而人类自由必须超越这种既定。因此,在萨特看来，处境是我们存在的纯粹的偶然性，是我们唯一不加选择的东西，是唯一既定的东西，而自由必须超越它并为它赋予意义。自由是对处境之人为性的否定。不去理解或不愿看到自由可以而且必须超越偶然的人为性，这就是自欺（mauvaise foi）。[15]

总之，萨特的观点是，处境是一种纯粹的人为性，自由的个体必须从中超脱出来并对自身的这种超脱负责，无论他的处境如何；而波伏瓦在回顾她自1920年代末至第二次世界大战后的生活经历的回忆录《岁月的力量》(*La Force de l'âge*) 一书中表达了她与萨特观点的分歧：

> 接下来的几天，我们探讨几个特殊的问题，尤其是处境和自由的关系。我坚持认为，从萨特定义的自由来看——自由是对某一特定处境的积极超越，而不是对它逆来顺受——种种处境并不能同日而语：对那些关在深闺的女人们而言，能有怎样的超越？萨特对我说，就算是闭门索居，也可以有不同的方式去生活。很长时间我都坚持自己的看法，最后也只是在嘴上作了让步。说到底，我是对的。但是为了捍卫我的立场，我早就应该抛弃我们过去所信奉的个人主义的，因此也是唯心主义的道德观。[16]

在《岁月的力量》末尾,波伏瓦将战争作为她哲学思想发生转变的原因——尤其是因为战争中的死亡给她留下了挥之不去的印象。两次世界大战之间,波伏瓦和萨特一样热衷于一种置身事外的个人主义,而第二次世界大战促使她抛弃了那种认为个体可以独立于周身世界而存在的观点。个体总是处在某种境遇之中,[17]要懂得这一点,必须要介入社会。波伏瓦的这一转变清晰地体现在《模糊性的道德》(*Pour une moralede l'ambiguïté*)一书中,这是战后出版的,也是她撰写的第二部哲学作品。书中充斥着对海德格尔思想或直接或间接的引用,波伏瓦也再一次回到了她与萨特关于人为性的争论中。[18]在波伏瓦看来,采取与萨特相反的观点,把个体置于处境中,就是宣告个体是完全存在于这个世界之中的——他们不存在于世界之外,同时他们也通过自己的存在塑造着世界。

个体和社会世界

处境这一概念使顺从的问题真正凸显出来,因为它使我们不再仅从个体角度或仅从社会角度得出类似本质论或构建论那样的结论,而是要兼顾个体和社会的作用。的确,为了把握女性顺从的存在方式,我们必须将两个方面结合起来考虑：一是做出选择并以某种方式行事的个体，二是向个体的行为和偏好施加影响的社会。波伏瓦质疑萨特的个人主义观点并主张将个体置于处境中，她恰恰是成功地将两者结合起来了。

为了完成这项复杂的研究，波伏瓦援引了海德格尔在《存在与时间》（*Être et Temps*）一书中阐述的哲学思想。她在回忆录中透露，是海德格尔指引她抛弃了战前所持的个人主义观点：

> 海德格尔曾让我坚信，"人类的真实"是从每个人身上得到完成和体现的；相反，每个人都参与其间并对全体造成影响。一个社会是推崇自由还是甘受奴役，这决定了个人是像人群中的一个人一样活着，还是像蚁穴中的一只蚂蚁那样活着。不过我们每个人都可以质疑群体的选择，反对它或认可它。我每天都能体会到两者之间隐秘的联系。在这个被占领的法国，苟且偷生就意味着接受压迫奴役，甚至自杀都不会让我得到解脱，它只会证明我的失败。我的解放和全法国的解放是紧密相关的。而我现在所处的局势，我不无悔恨地发现，我对此也是有责任的。个人不能超然于他所处的社会，在容忍这个社会的同时，个人也影响社会，哪怕他的表现是无

动于衷。[19]

波伏瓦对海德格尔的解读是同她在战争和占领时期*的经历相关联的,她因此能够以一种全然不同的方式去思考顺从、选择和责任的问题,既避免采取纯粹个人主义的观点,又不至于使用完全从客观结构入手的方法。只要我们以海德格尔的方式去理解个体和世界的关系,波伏瓦在此处谈到并在《第二性》中直接讨论的对压迫的接受问题就能迎刃而解了。

我们不是要在这里概述《存在与时间》,但人们对海德格尔的作品总是知之甚少,总是觉得他的内涵要比他的语言晦涩难懂得多。我们只需提取一些重要的哲学观点,就可以把握波伏瓦对女性顺从的看法。对于海德格尔来说,重要的是要明白存在是什么。他没有走传统形而上学的老路,而是选择从此在(Dasein)这一独特的存在者(étant)出发,并以此提出关于存在的问题。Dasein 在德语中的字面意思是"存在于此",波伏瓦将它翻译为"人类的真实"(réalité humaine),它指的是某种意义上的人类,是唯一能够思考对他来说作为他所是的存在者意味着什么的存在者。[20]

关于此在及其在世界中的位置的分析对波伏瓦来说至关

---

* 指第二次世界大战期间德国对法国的占领时期(1940—1944)。

重要，因为正是借由这一分析，海德格尔与一种经典哲学思想——个体先于世界而存在并创造世界——彻底决裂。在海德格尔看来，并不存在一个孤立的个体能够依次为他自己的世界、他人的世界以及整个世界赋予意义。对此在来说，世界同他自身一样原始而天然。主体和由客体构成的世界之间的截然对立是不存在的。此在居于世界中，并为这个世界所吸收和包围；世界不是某种外在的东西，而是一个整体，其间的一切事物都处在相互连结、相互制约的关系中：在日常生活中，此在认识事物的方式是使事物为自己所用，这些事物在他看来是所有意义的总和的一部分。比如，一枚钉子只有在一个有锤子、木板和木匠的车间里才具备作为钉子的意义。对此在来说，最普遍的存在方式是以一种非自反的状态存在于世界中，因为他是在世界中发展变化的，他所使用的工具因与整体世界的联系才具有意义。

我们不能将此在置于他所处的世界之外去考虑，或者说，那种撇开世界不谈的方式是不符合人类首先是存在于世界中的事实的。这样的观点对我们看待性别差异至关重要，它启示我们在思考性别差异时要兼顾社会和个体两个方面：每个个体来到世界上时性别差异已然存在，同时，每个个体都将通过自身的存在对性别差异产生影响。另外，这也意味着我们无法将个体置于性别差异之前来考虑：每个女性出生在这个世界上时,"做女人"已然蕴含着某种意义。

与他人共存

这种此在和世界的相互依存关系带来的一个至关重要的结果是,个体不是首先独立而后与他人建立联系的,根据海德格尔的观点,此在总是与他人在一起。并不是首先有"我的世界",然后才有总体的世界;只存在一个世界,且这个世界是与他人共享的。与倡导个人主义的萨特相反,海德格尔认为,在日常生活中,我们不是首先是一个"我",然后再与他人相遇;并不存在个体先独处之后才和他人共存的情况。在日常生活和工作中,我们与他人相遇,而他人在此之前已然存在。

这种共在(être-avec,波伏瓦使用的是德语单词 mitsein)对波伏瓦的哲学产生了决定性影响:在海德格尔的概念中,与他人的关系首先是一种和谐的、中性的关系。大多数时候,我与他人的关系是中性的——我遇见他人并与其擦肩而过,我的心中不因此产生任何波澜,又或者是积极的——在我想要帮助他人的时候。因此,与他人的关系并非首先是个体间的冲突,甚至都不算是一种真正的关系,它反映的是共同居于世界中的状态。这种观点告诉我们,性别差异最初并不是一种冲突形式，它属于一个显而易见的而我们不曾注意到的事实：在我们生活的世界中，一部分个体是女性，另一部分个体是男性，这种区分不会引起任何人的质疑。只有当这种差异引起问题时——比如说造成不平等现象或使某些人被排斥在外时，人们才会对其进行思考。由此，我们可以清楚地看到，那种局限于个体的方法是行不通的：个体不是孤立的，也不是先于世界而存在的。但还有一个问题：该如何理解世界对个体的影响？根据海德格尔和波伏瓦的思想，我们需从社会规范中找到答案。

社会规范

此在对其生活的世界是熟悉的，[21] 他懂得如何在这个世界中为人表现。这并不表示此在无法自由地行动，而是意味着每个人在某种程度上都是由他的处境，也就是他在世界中的位置决定的。个体由他所处的世界决定，因为这个世界是一个由各种社会规范统一起来的有意义的整体。例如，因为我在法国长大，所以我知道——以一种非自反的方式，我应该通过亲吻双颊来向我的亲朋好友问好，而不是去拥抱他们；我也知道，在一个没有车辆的十字路口，我作为行人可以不必等到绿灯才穿越马路。这些知识不是自反性的，我只是掌握了一些可行的或恰当的行为方式，而假如我在美国长大，我学习的又将是另一套不同的规范。海德格尔认为，我们的日常行为首先是以那些我们在不自觉的情况下接受的规范为基准的，这些规范在日常生活中为我们指引方向。从这个意义上来说，世界是由各种社会规范，由那些我们被允许做的事组成的一个复合体，它先于每一个此在而存在。同时，这个世界以及这些社会规范需要通过此在才能体现出来：是因为我根据社会规范来行事——无论我是遵守它们还是反对它们——社会规范才有意义，世界才是一个整体。

这些规范发挥作用的一种方式是，此在将他人的行为视为自己行动的规范。在日常生活中，个体依据"常人"在相似情况下的做法，不假思索地采取行动。比如，在先前的例子中，当我见到一个朋友时，我会亲吻他的双颊来向他问好，因为他人也是这样做的，而这种做法也因此被视为"常人"的做法或是习惯的做法，也就是一种社会规范。当然，这个"常人"造成了一个问题，它促使个体遵守社会规范，而不是去关注他自身行为的基础。然而，"常人"也提供了一种"易理解性"：社会规范使个体行为的意义能够被理解——它规定了一种正确的存在于世的方式，[22] 以此为准绳，每个人的行为就能被大家理解。

因此，引入"常人"的概念不是一种自欺，它并不是我们用习俗惯例做挡箭牌以逃避责任而借用的一个自欺欺人的谎言,任何人都无法逃脱这种存在方式。与萨特的观点(主体是自由的,抛弃自由而沉迷于人为性的人会堕入自欺的境地)相反,海德格尔认为,对此在来说,最初的体验是其与各种存在实体以及其他此在之间的以共居(cohabitation)为形式的一种联系,而这种共居关系为社会规范所制约。此在在某一个地方长大,并处在他人之中,仅仅是由于这一简单的事实,此在对这个先于他而存在的世界拥有一种认识。在这个过程中,此在没有主动做出任何决定或选择:他来到世界上时,世界已然具备了意义。这并不意味着此在完全由那些规范所支配,而是意味着他对世界的一切看法和他的一切行为都建立在那种共同的看法之上,他在其中受到潜移默化的影响。在海德格尔看来,此在有充分的理由将其自身的存在理解为某种形式的社会性命运,一种已被他的周身世界公开赋予意义的生活。

女性气质、处境和社会规范

从以上关于海德格尔哲学思想的概述中,我们可以看到,波伏瓦将人类置于某种处境中,她要表达的观点是,在我们的世界中,我们的存在已具备了意义和规范,但这种意义和规范不是永恒不变的天性所创造的，而是历史的产物。这意味着一个女人无法简单地将自己视为普通的人类一员，因为性别差异存在于这个世界中并制约着人们行动的可能性。波伏瓦举了一个年轻的女托洛茨基分子的例子，她让自己表现得像个男人，以否认自身的女性气质。波伏瓦认为，这位女子处在自欺中，因为她声称自己能够像男人一样行事，却没有意识到自己的这种行为完全符合社会规范对女人的要求——她做出这样的行为是出于对一个战士的爱。[23] 萨特认为，主体以一种几乎偶然的方式处于一个外在的世界中，他们可以也应该显示出自己相对于这个世界的独立性；而波伏瓦采取与萨特完全相反的态度，她认为，说个体在某一处境中，就是认识到个体是完全存在于世界之内的——他们不存在于世界之外，且他们同时通过自身的存在塑造着世界。

本质论的观点同样是一种自欺。波伏瓦驳斥了一种假说，即女人、犹太人或者黑人均由永恒不变的天然属性确定；相反，她将他们的属性归因于一种处境，这种处境不是为了不陷入自欺而必须战胜的人为性：

> 事实是，凡是具体的人总是单独被确定的。拒绝永恒女性、黑人灵魂、犹太人性格的概念，并非否认今日

有犹太人、黑人、女人：这种否定对上述几种人并不代表一种解放，而是代表一种非本真的回避态度。显而易见，任何女人都不能真诚地自认为置身于自己的性别之外。[24]

处境的概念并不等同于主体所经历的那种简单的人为性（在某个地方出生、拥有某个家庭），而是指向个体所处的社会和经济结构；这种结构带来的结果是，个体无需为他们的自欺——亦即把这种处境作为他们不积极追求自由的借口——承担责任，自欺并不像在萨特观念中那样是一个彻底的道德缺失。[25] 相反，真正的自欺在于拒绝承认我们处于某种特定的处境中，而在这种处境中性别差异包含着诸多意义。自由不是要对抗人为性，而是要认识并承认这种人为性，并以此找到自己的定位。如果说处境是偶然的——因为它不是主体的选择，那么要想实现自由，主体就不能仅仅对它进行否认；否认是一种自我欺骗，会阻碍我们的行动。

因此，我们可以清楚地看到，波伏瓦是如何既否定永恒女性气质或任何女性本质的存在，也就是说既主张女性气质的社会构建，同时又避免认为这种社会构建削弱甚至抹去了性别差异或女性气质存在的事实的。既然每个个体都处在一个已被赋予意义的世界中，这个世界已被各种定义个体属性

（性别、年龄、肤色）的规范建构，那么个体就只能依据这些规范来自我构建，无论是顺应规范还是与之相悖，或是与之同谋。在波伏瓦看来，我们不可能将个体置于社会处境之外去考虑。性别差异这一显而易见的事实表明，女性气质对所有人来说都是一种现实，即使它只是人类历史的产物——这也是波伏瓦采取的立场。"处境"的概念让我们得以明白，为了在不依赖本质论和纯粹社会构建论的情况下理解女人是怎么一回事，研究性别差异十分必要：女人是什么？这个问题最显而易见的答案是建立在关于性别差异的日常社会经验上的：

> 事实上，只要睁眼一扫就可以看到，人类分成两类，其衣着、面貌、躯体、微笑、举止、兴趣、消遣，都迥然有别，虽然也许这些差异是表面的，也许它们注定要消失。可以肯定的是，眼下差异的存在是显而易见的。[26]

因此，波伏瓦承认差异的存在，但并没有因此采取本质论的立场。她明确拒绝对性别差异的神话或生物学解释，同时，她强调这种差异的现实性以及它在女性处境中所起的重要作用。波伏瓦认为，女人想要"置身于自己的性别之外"[27]是一种自欺，因为性别差异是构建我们所处世界的社会规范的一部分。

女性气质和命运

虽然海德格尔对波伏瓦的影响是显而易见的,但波伏瓦的研究方法却在多种意义上具有鲜明的独创性。海德格尔有意采取本体论的方法,他关注此在,也就是不带任何人为性的人类。相反,波伏瓦将她的研究指向人为性本身,也就是性别,而此处所指的便是女性。她的目标是对女性的处境进行分析,从而揭示女性气质是如何构成一种命运的。

《第二性》是一部1000多页的著作,分为一二两卷。第一卷的标题是"事实与神话"(Les Faits et les Mythes),波伏瓦在这一卷中探讨这种命运是如何由男性构建起来的。在第一部分《命运》中,波伏瓦分别从生物学、精神分析学和马克思主义角度对女性气质进行剖析;第二部分《历史》则描绘了一部女性史,凸显出男性持续不断向女性施加的压迫;最后,在第三部分《神话》中,波伏瓦分析了神话和文学是如何展现男性凝视对女性的构建的。因此,在资料翔实的第一卷中,波伏瓦指出,"女人是什么?"这个问题的答案通常是由男人给出的,是反映男性利益的。为了他们自身的乐趣,男人通过统治把女人打造为注定要为他们服务的奴隶和用于满足欲望的工具。

在长达 600 多页的第二卷《实际体验》(L'Expérience vécue) 中,波伏瓦转变视角,根据女人一生中的不同阶段和不同的人物角色,探讨女性命运意味着什么。通过四个部分(《成长》《处境》《辩解》《走向解放》),波伏瓦论述了男性凝视是如何塑造世界,以至于女性经验可以被简单地概括为典型经验(expérience-type)和典型人物(figure-type)的。因此,她采取一种"概括化"的方式,使用诸如"*la* petite fille"(小女孩)、"*la* jeune fille"(少女)、"*la* mère"(母亲)* 等称呼。这并不意味着波伏瓦认为所有的小女孩或所有的母亲都拥有相同的个人经历,她想要体现的是这些不同的人物角色代表了何种处境,亦即对于进入这些角色的女人来说已被赋予意义的、规范化的社会地位。在她看来,我们必须"仔细研究女性的传统命运",以了解女性应在何种基础上追求自己的自由:

> 当我使用"女人"或者"女性"这些词时,我显然没有参照任何原型和任何不变的本质,我的大部分结论都以"教育和风俗的当下状况"为依托。这里并不是

---

* 法语中的阴性定冠词 la 用在名词前可表示"整体""所有";虽然名词仍为单数形式,但表达的意义是一个类别中的所有个体。

要陈述永恒真理,而是要描述每一个女人的特殊生存内在的共同实质。[28]

虽然波伏瓦的整部作品都与女性气质有关,但她关于女性气质的研究是以对女性本质论的否定为前提的,她着重分析的是女人的处境,这种处境不是个人的,而是经济的、社会的、政治的。

因此,身为女人,就意味着身处某种特定的经济、社会和政治处境。这种处境涉及一整套规范,而女性必须根据这些规范来为人处世,并基于这些规范受到他人的评判。一个女人,一个"真正的"女人,就应该遵守这些规范;正如当一个工具没有起到作用时人们会质疑它的性能一样,当一个女人的行为与社会规定的行为之间出现偏差时,人们会否认她的女性气质。那么,社会为女人规定的行为又是什么呢?是顺从。

女性史就是一部缺席的历史——
女性历来不掌握权力,因此她们的经验
没有被记录在官方档案中。

4 难以理解的顺从

我们已经看到，顺从对每个人尤其是对每个女人来说都是一种日常的经历。关于这种经历鲜有哲学上的思考，但它实际上却广泛存在。要想将其解释明白，我们必须转变惯常的看待权力的视角，不再仅仅把权力视作是单向的，是由掌权者指向权力的被施加者的。由于顺从的日常性和视角转换的必要性，我们很难解释清楚顺从到底是什么，以及在一个不平等的权力关系中处于劣势到底意味着什么。谈到女性顺从，情况就更加复杂了：关于女性顺从，那些憧憬它的人和更少一部分谴责它的人已经谈论了很多，书写了很多，但顺从这种处境本身却让这些女性的经验难以被表达、被倾听。然而，对于"女人是什么？"这个问题，我们也许应该回答："女人不是生而顺从，而是变得顺从的人"。如果我们能够依据波伏瓦的观点明白这一点，那么我们就必须与这种沉默作斗争，必须描述顺从，不仅为了理解女性是如何顺从的，还为了探究顺从是如何成为女性——所有女性——的一种既定命运的。

描绘和理解顺从的难点在于，它涉及两个主要的哲学问题：一是如何思考日常生活，二是如何思考权力。

顺从和日常生活

顺从是一种常见的现象：对于日常生活中人们放弃权力

的行为——员工屈从于老板的摆布、妻子让丈夫来为自己做决定等等,我们真的有什么可谈论的吗?由于顺从属于日常行为的范畴,它给哲学带来了一个理论问题、一个认识论问题和一个道德问题。

顺从的日常性给哲学带来的理论问题关乎价值:日常性是否值得我们对其进行哲学思考?哲学不是应该更多地关注真理、道德和上帝的存在吗?相较于那些与人类的本质相关或与认识外部世界的可能性相关的"大问题",劳动的性别分工、新的管理技术对劳动者生活的影响之类的话题显得微不足道,甚至有些可笑。如果说哲学要解决的是伟大而崇高的问题,那么我们无法确定顺从是否属于这些问题之列。关于什么是哲学、什么应该是或什么不应该是哲学的问题本身就是一个哲学问题,[1] 具有重要的道德和政治意义。就顺从而言,这个理论问题可以从两个角度来解决。一方面,从柏拉图到亚里士多德到海德格尔,哲学都恰恰诞生于人类经验中最日常的东西所引发的那种惊异之感。因此,正是因为顺从是日常的,从未受到人们的关注,我们才应该将其作为哲学研究的对象。另一方面,顺从至今未被作为哲学问题来思考,这并不意味着它必定不是一个哲学论题或一种哲学经验。除了出身奴隶的爱比克泰德*（Épictète）之外，历史上的哲学家们所处的社会地位很容易让我们想到，顺从没有成为主流哲学研究的对象，可能正是因为哲学家普遍拥有优越的社会地位，以至于顺从的经验并不属于他们的日常生活。只有使哲学民主化，顺从才有可能成为一个哲学话题：只有当哲学不再仅仅由社会精英们创造，不再仅仅是他们的特权时，它才会关注所有普通人的生活，而顺从在普通人的生活中是一种共同的、广泛的经历。

顺从的日常性给哲学带来的认识论和道德问题更为棘手：顺从与日常的平庸性总是联系在一起。顾名思义，平庸是用来形容那些寻常的，因此也是没有吸引力、无关紧要的事物的。因此，日常的平庸性是不言自明的，这也让我们明白了为何谈论日常总是困难重重：正是因为日常是自然而然发生的，平淡无奇也没有发人深思的曲折起伏，所以我们往往忽略对日常的思考。因此，日常对哲学来说是一个真正的挑战——它似乎没有什么好讨论的，也不值得我们进行任何思考。然而，尽管人们认为最日常的事物也是最容易理解的，但当我们想要捕捉日常时，它却从我们身边溜走。这也是尼采在19世纪对柏拉图式哲学思想的拥护者们进行批判

---

* 古罗马最著名的斯多葛学派哲学家之一，出生于古罗马东部弗里吉亚的一个奴隶家庭。

的原因——因为这一思想认为,认识某物就是认出某种我们已经知道的事物。尼采这样写道:

> 其中最审慎的人认为,熟悉的至少比陌生的**易于认出**;因此,从"内心世界"、从"意识的事实"出发是更为有条有理的方法,因为那是我们更熟悉的世界!真是荒唐透顶!熟悉的就是习惯的,而习惯的却是最难"认出"的。把习惯的当作问题,当作陌生的、遥远的、"我们身外"之物加以认识,是相当不易的……与心理学和意识要素的评论(所谓的非自然科学)相比较,自然科学的最大可靠性正是建立在把陌生之物当作研究对象的基础上,而要是想把不陌生的事物作为研究对象,就会有几近矛盾和荒谬之虞……[2]

认识就必须与其对象保持一定的距离,正是这种距离感确保了客观性,而我们同日常之间并不存在这样的距离感。尼采在这篇文章中指出了我们很难认识日常的两个主要原因。一方面,我们很难认识距离我们很近的事物,原因恰恰是距离太近;另一方面,我们很难有想要认识距离我们很近的事物的愿望,也就是说,我们很难把这种很近的事物视作一个需要加以仔细分析的问题。因此,所有关于顺从的研究必然会遇到的困难在于，既然顺从确实是人类非常普遍的经历，那么又何必特意对其进行研究呢？我们顺从，那又如何？而即便这样的研究得以展开，我们也会因顺从是我们最普遍的经历而在分析过程中遇到困难。[3]

字面意义上的平庸性使得日常难以被认识，而**消极**意义上的平庸性又构成了一个道德问题。事实上，"平庸"不仅仅代表"平均"；在日常用语中，"平庸"还意味着低于平均水平——就算不是真的很糟糕，至少显然是令人失望的。大众对日常的普遍看法与这种消极的平庸性相关。日常生活阻碍人们的思考，一方面是因为它寻常而难以察觉，而另一方面，更主要的原因也许是它的消极性，它可能造成的尴尬甚或羞耻。这一点在顺从的话题中体现得尤为明显：即使我们成功地从日常的障碍中抽身出来并把顺从作为一个真正的问题提出，我们仍会发现，研究这种经历似乎是有些不光彩的。举一个非常简单的例子，人们更愿意关注抵抗运动中英雄们的非凡勇气，而不是德国占领期间广大法国民众的顺从，虽然两者就像是一枚钱币的正反面。当人们谈论这种顺从时，首先是为了与其保持距离，抨击它不道德的、可耻的一面，而不是为了揭示它的普遍性。波伏瓦在回忆录中叙述占领时期的日常生活时所展露的最大胆识可能就在于，相比于抵抗运动战士们的英勇行为和非凡功绩，她关注的更多的是普遍存在于民众日常生活中的顺从。[4]

在谈论顺从时，人们的尴尬和厌恶情绪尤为强烈，这是因为顺从不仅仅是一种日常行为，它同时也被认为是不道德的。毋庸置疑，每个人首先都应该追求自己的自由，因此，既然顺从意味着对自由的放弃，那么它就是违背天性的、不道德的。关注顺从，就是关注日常生活中与人类最基本准则相悖的行为。除了平庸性带来的不快之外，人们所做和所想之间的偏差以及人们实际行动和心目中的正确标准之间的差距也会让人感到难堪。

通过以上这些问题，我们很容易便能理解为何顺从很少受到哲学家们的关注——它作为哲学研究对象的地位并没有得到牢固确立。我们很难把日常行为看作一个值得哲学研究的话题，而顺从的不道德性——它不仅有平庸寻常的一面，而且也有消极的一面——又增加了研究的困难。

用自下而上（bottom-up）的方式分析权力

尽管如此，为了思考权力的问题，研究顺从仍然至关重要。如果忽略顺从的概念，而仅仅从统治的角度来考察，我们就无法全面理解权力关系，尤其是不对称的权力关系，因为我们只采用了单一的视角。要想将统治作为一种不对称的权力关系来研究，就必须同时关注统治关系的两端。从统治者的角度出发，我们要考虑的是掌权者是如何施加统治的。比如，我们可以思考统治是一种什么样的体验，从而对那些统治经历进行分析，凯撒大帝为了详细记录他对高卢的征服而写就的《高卢战记》便是一个很好的例子。其次，我们还可以关注统治的有效性，研究统治的策略、技巧和方法，正如马基雅维利*（Machiavel）在《君主论》（*Le Prince*）中论述如何成为君主并巩固政权一样。另外，我们还可以考虑统治是什么、在某一时刻统治者是谁、他们又为何要统治。然而，一个几乎总是被忽略但在统治问题中具有核心价值的问题是，对于那些被统治的人来说，统治是如何发挥作用的？

因此，研究顺从意味着视角的转换。我们不再采用从施加统治或建立统治的一方出发的单一视角，而是从统治施加的对象的角度来分析不对称的权力关系；我们认为，仅仅着眼于统治者是不足以揭示统治对象的生存状况的。我们不应误解此处"施加"（s'exercer）一词的含义：正如我们在引言的概述中所看到的那样，统治是一种关系，因此我们可以假设，这种关系**至少**会对被统治者或者说顺从者产生一定程度的影响，并且与"施加"这一自反动词隐含的意思相反，后

---

* 意大利政治思想家和历史学家，代表作《君主论》主要论述为君之道、君主应具备哪些条件和本领、应该如何夺取和巩固政权等。

者在这个过程中并不是绝对被动的。纵向的、自上而下的权力观认为，只需把权力看作一种由统治者施加于被统治者行为，我们就能洞悉权力的本质；而关注顺从就意味着反其道而行之，以自下而上的方式看待权力，那些处于顺从地位的人们受到权力的影响以及他们采取的行为与权力本身是不可分割的。

这种视角的转换基于这样一个观点——这个观点首先由马克思提出，后来又被女性主义者借鉴，即研究社会现实所采用的视角决定了我们将获得什么样的认识。因此，我们认为，从顺从者视角来看待权力关系，我们不仅可以获得全新的视角，而且还能对社会有一种更好的认识。我们获得的信息不仅是**更多**的，而且也是更有价值的，因为这将不再是统治策略的结果。事实上，正如马克思、当代其他研究统治的理论家以及美国人类学家詹姆斯·C. 斯科特*（James C. Scott）所指出的那样，如果只从统治者的角度来研究统治，那么我们将只能得出符合统治者利益的结论。在詹姆斯·C. 斯科特看来，人们倾向于认为被统治者不会反抗统治，因为他们的依据是"公开文本"（texte public），即公众所看到的统治，这也是"统治精英们希望呈现出来的自画像"。[5] 然

---

* 耶鲁大学政治学和人类学斯特林讲座教授，主要研究领域为农民政治学、无政府主义和阶级关系等。

而，如果我们将目光转向各种"隐藏文本"（textes cachés），即统治在其他条件下——尤其是在被统治者之间，当统治者不在场时——的形态，我们便可以发现许多更为复杂的关系，发现一种对统治的更加强烈的反抗。因此，由统治者视角转向顺从者视角，关注顺从者的经验，我们得以更好地认识统治问题。

视角转换的历史

总之，研究顺从意味着改变我们惯常采取的看待权力的视角。为了理解这一视角的转换，我们不妨对它的发展历史进行回顾，以便更清晰地认识它所引出的实际问题。

20世纪20年代，法国历史学家吕西安·费弗尔（Lucien Febvre）和马克·布洛赫（Marc Bloch）共同创办了《经济与社会史年鉴》（*Annales d'histoire économique et sociale*）这一刊物，他们的宗旨是提倡关注社会史和"长时段"历史，而当时的史学研究则更强调政治史和编年史，也就是以国王、王国和战争为中心的历史。围绕着这份刊物，也因为两位创始人用"全面的历史"取代传统的政治、军事和外交历史的决心，年鉴学派（École des Annales）逐渐被建立起来，这一学派在第二次世界大战后以乔治·杜比（Georges Duby）和费尔南·布罗代尔（Fernand Braudel）为代表，对史学研究产生了持续的影响。尽管年鉴学派相关的研究成果丰富繁多，我们无法在此进行评论，但重要的是我们要认识到，这些历史学家摒弃编年史而侧重更长的时间性，重视对社会的经济和社会变化进行分析，他们因此开辟了一种全新的看待权力的视角。年鉴学派指出，仅仅关注国王和领主的所作所为不足以揭露他们统治的社会的全貌，甚至不足以认识他们对社会施加的权力；因此，年鉴学派提出并推广这样一种观点，即只有认识民众在权力下是如何生存的才能真正理解权力本身。不再以统治者的视角书写历史，而是着重对权力之下人们的日常生活进行描述和分析，我们才能更加全面地认识权力的运作方式。

历史学科的这一发展也对与权力有关的哲学思想产生了深远的影响。事实上，米歇尔·福柯（Michel Foucault）自1976年发表《性经验史》（*Histoire de la sexualité*）第一卷《认知的意志》（*La Volonté de savoir*）并在法兰西公学院*（Collège de France）讲授课程《必须保卫社会》（*Il faut défendre la société*）[6]以来进行的哲学研究都可以被归在这一传统之中。在这一课程的系列讲座中，福柯提出要关注一种现代的权力话语，它

---

* 由法国国王弗朗索瓦一世成立于1530年的学术机构，独立于法国基础研究和高等教育之外，实行"开门办学"，面向社会大众传授前沿知识。

不再是关于君权——国王对其臣民的自上而下的权力——的"哲学-法律"话语,而是一种"历史-政治"反话语(contre-discours),在这种话语中,战争是各种社会关系的永恒本质,即使在和平时期也是如此。它不再以君权和和平法律秩序为中心,而是一种统治的话语,是关于统治者和被统治者之间持续不断的战争的话语。福柯由**单一的**中央权力即国王权力转向**多元**权力,转向各个社会成员之间的各种相互力量关系。就顺从而言,我们不再将它等同于拉·波埃西所说的"自愿为奴",即民众对国王或暴君的盲目服从,而是把它作为被统治者面对个体间统治关系时的一种生存方式来考虑,这一研究基于一种类似的思路,即通过分析那些心照不宣却决定了社会结构的权力关系来重构社会。从某种意义上说,透过顺从的概念,我们要做的是在福柯的基础上更进一步——关注统治而非君权,在统治中关注被统治者而非统治者。

关于顺从,我们能知道些什么?

统治关系存在的目标和机制之一是,压制被统治者的声音,让他们的经验和观点沦为少数派,甚至完全消失。例如,在殖民地中,情况就是如此:殖民的机制之一便是尽量让殖民者的观点上升为代表真理且是唯一真理的观点。这种对不同声音的压制主要通过两种方式实现。一方面，统治往往会剥夺被统治者们自我表达的必要条件，如接受教育的机会、实现交流的手段等。另一方面，被统治者的经验即使被表达出来，也会被贬低为错误的、有害的、危险的或不道德的。因此，被压迫者的历史是一部缺乏原始资料的历史；即使存在，那些资料也是碎片化的，不足以作为正式资料。为了避免这个问题，米歇尔·福柯等历史学家选择从非常规的原始资料出发；他们不再以王室法令、法律或军事档案为基础书写历史，而是使用多元化的原始资料，关注行政沿革、人物记叙以及其他福柯所说的被奴役的或被排除在外的知识，让权力在其日常性维度、局部性维度和无限细微处被凸显出来。

从这个层面分析顺从，也就是分析人际关系中地位低下的一方面临的处境，尤其是女性的顺从，会带来一些特殊的问题。要研究女性顺从，我们就必须获得各种各样的原始资料——关于一直以来被剥夺权力的个体们的、关于私人生活领域中的人际往来的、关于既包含个体性又存有结构性的权力关系的。事实上，女性史的研究向我们表明，女性史就是一部缺席的历史——女性历来不掌握权力，因此她们的经验没有被记录在官方档案中。早在1818年，简·奥斯汀的小

说《诺桑觉寺》(*Northanger Abbey*)* 的女主人公凯瑟琳就控诉道:

> 可是说到历史,那种真正严肃的历史,就引不起兴趣……历史是读过一点,那是当一门功课,但是书上说的都是些我觉得厌烦、毫不感兴趣的事。主教与国王的争吵呀,还有战争、瘟疫呀,一页一页都说的是这些。男人都是无用之辈,几乎不提女人,真叫人乏味。[7]

20世纪70年代以前,历史都是由男人写就的,是关于男人的生活。因此,书写女性历史的第一步是要揭开面纱,让人们看到一直以来被隐藏和被遗忘的那一部分。

另外,女性一直处在私人生活领域中,并没有进入公共生活领域。然而,传统上,只有公共生活才被书本记载,才是行政法令所触及的领域。一般来说,由于缺乏原始资料,私人生活的历史很难为人所知。因此,双重的沉默阻碍了我们对女性经验的分析——一方面,女性无法书写历史,另一方面,她们不属于公共生活领域,而只有公共生活才是历史书写的对象。直到20世纪70年代,由于米歇尔·佩罗**

---

* 英国作家简·奥斯汀于1818年出版的长篇小说。
** 法国历史学家,研究女性史的关键人物。

(Michelle Perrot)研究[8]的先驱作用，女性史才被呈现出来。它首先是一部私人生活史，并伴随着这样一部历史所带来的各种挑战。女性史要求我们关注日常生活（我们已经看到了其中存在的困难），它依赖于一些非常规的资料，如传记、个人文学和各种蛛丝马迹等。然而，日常生活记叙作为原始资料是不可靠的、非常片面的——只有那些有能力写作、认为自己的经历足够重要且值得被讲述出来的女性才会讲述她们的经历，而她们的经历也许并不能代表大多数女性。

最后，最为复杂的认识论障碍可能是，女性所处的权力关系的特殊性在于——正如波伏瓦在分析女性处境时指出的那样——她们和男性组成的统治关系不是阶级与阶级的对立，而是个体与个体的对立，且这种关系极少有资料记录。作为工人、黑人妇女或下等种姓女人，她们也许会受制于群体对群体的社会性统治关系；而作为女性，她们又是另一种形式的统治的受害者。这种统治一部分属于社会性，但它首先却表现在个体间的关系中。

由此产生的第一个问题是，福柯以及年鉴学派的历史学家们主要关注的是政治权力，即国家权力是如何运作的，个体是如何反抗或顺从的。但是，如果我们要研究的权力不再直接是政治的——因为它不再涉及执政者和被执政者，那么获得这种权力的原始资料将变得更加困难。一个丈夫并不会为了使他的妻子服从而制定规章制度，因此他施加的命令也就无迹可寻了。

第二，社会等级很可能会影响个体间的等级划分；因此，由于社会压迫的存在，一部分人的顺从经历可能会比其他人更多（且多得多）。当我们处于社会劣势地位时——如当我们隶属于一个弱势阶层或一个受到种族歧视的群体时，当我们是女人、是同性恋者或是变性人时，我们更有可能陷入不平等的个体间关系中并位居劣势地位。[9] 在父权制社会中，也就是在以男性对女性的统治为主导的社会中，女性对男性的顺从既是个体性的（是一个个体对另一个个体的顺从），又是结构性的（它是由社会结构规定的）。因此，为了理解这种顺从，我们必须获得关于这一处境的原始资料，而这些资料却因结构性因素趋于湮灭。

底层人能说话吗？

这个问题曾由底层研究（subaltern studies）学派着重提出，该学派最初是由东南亚和印度一批专门从事后殖民研究的学者发展起来的。他们采用意大利马克思主义思想家安东尼奥·葛兰西*（Antonio Gramsci）在其文化霸权理论中使用的"底层"（subalterne）一词，致力于研究南亚社会中因阶级、种姓、年龄或性别而处于从属地位的人。在这样的背景下，印度文化批评家、美国哥伦比亚大学教授佳亚特里·斯皮瓦克（Gayatri Spivak）写下了著名的文章《底层人能说话吗?》。[10] 斯皮瓦克写这篇文章的起因是1972年吉尔·德勒兹（Gilles Louis Réné Deleuze）和米歇尔·福柯关于"知识分子与权力"[11]的一次对话。这两位哲学家对话的焦点是在质疑主体的全能性的情况下知识分子的态度。德勒兹认为，福柯对代言体制的批判，以及对知识和权力之间联系的强调，是权力思想变革的初步阶段，这场变革导致谁都"没有资格为他人代言"，特别是知识分子不可能为无产者代言："理论要求那些相关人士最终几乎都是为自己说话。"[12]

佳亚特里·斯皮瓦克首先以其惯有的晦涩风格对德勒兹和福柯的观点进行了批判，理由是他们"一如既往地忽略了意识形态的问题以及他们自身对知识史和经济史的参与"[13]。在她看来，两位哲学家没有意识到他们自身的矛盾。例如，当他们谈论工人斗争时，他们没有关注到国际分

---

* 意大利共产党创始人之一，20世纪著名马克思主义理论家。在《狱中札记》一书中，他使用了 Subaltern Classes 一词，可译成"底层阶级"，意指欧洲社会里那些从属的、被排除在主流之外的社会群体，主要指马克思主义术语中的无产阶级。

工到底是什么；他们对被压迫者的重视实际上也体现了对工**人**和**劳动者**的标签化，而这种标签化恰恰是他们在谈论不受压迫的主体时所抨击的。事实上，斯皮瓦克认为，德勒兹和福柯固守在他们的象牙塔中，他们将被压迫者的经验视作透明的、有意识的，而不受压迫者的经验仍然在其意识形态意义上被研究。他们仅仅满足于倾听被压迫者的声音，就好像被压迫者们是以非意识形态的方式被构建起来的主体。

由此，斯皮瓦克开始思考，底层女性[14]是否能说话？女性主义者是否能听到她们的声音？这关系到的问题是，在学术研究中——特别是在女性主义研究中——考虑底层女性的意识的必要性，与考虑这种意识必将导致底层女性被赋予主体性的这一事实之间的紧张关系被凸显出来。然而，这种主体性的赋予同斯皮瓦克在德勒兹和福柯身上看到的一样，似乎可以被看作一种认知暴力，因为它把西方特有的结构强加在底层女性的意识之上，而这种结构并不属于底层女性。因此，由于主体性的赋予，任何试图谈论底层女性并使她们说话的行为都将伴随着某种对她们本性的背叛。

在这样一个敏感的领域，要提出底层女性的意识问题并不容易……虽然并非所有的女性主义或反性别歧视运动都可以归结为这一点，但漠视是一种有着悠久历史的、秘而不宣的政治姿态,它与某种男性激进主义联合在一起,使调查者的位置被隐藏。后殖民时代的知识分子尝试与一直以来被禁言的底层女性对话(而不是听她说话或为她代言),从而"忘却"女性的特权。[15]

因此,从研究者的角度来看,推进认知的意愿与阻碍认知的认知暴力之间存在矛盾。斯皮瓦克认为,忽视这种认知暴力和背叛,就等同于假设存在研究者的超验立场。

从许多方面来看,斯皮瓦克的分析对我们而言非常重要。首先,它揭示了研究顺从是困难的,因为这种研究的对象是那些丧失话语权的人的生活经历。的确,我们已经看到,任何研究只要涉及被压迫者或底层人,也就是那些生活在某种统治下的人,都会面临一个广义上的原始资料问题。统治机制本身便意味着被统治者至少在某种程度上会被剥夺话语权。这种剥夺可能是由直接的障碍(如缺乏受教育的机会和表达手段等)导致的,也可能是间接形成的——由于条件的制约,被统治者的声音难以被听到。

另外,更值得注意的是,斯皮瓦克的分析表明,学术研究要传达或呈现底层人的经验而又避免必然的背叛,这一点所需的条件从未得到满足。同样的问题也出现在顺从研究中。一方面,我们在描述一个人的经验时很容易会对其标签化,如果我们把一个女人在某种处境下的经验说成是顺从经验,就可能导致顺从被误认为是这个女人的本质。另一方面,一个更深层次的问题是,我们将顺从经验用文字表达出来时必然伴随着对这种经验的背叛。解决这个持续存在的问题的唯一办法似乎可以在斯皮瓦克的这句话中找到:"后殖民时代的女知识分子'忘却'女性的特权。"[16] 我们应该努力忘却自身的特权,不要自以为知识的特权可以让自己置身于顺从经验之外。

总之,从哲学角度分析女性顺从是非常困难的。由于顺从是一种日常的经验,它一直没有受到研究者的关注。要研究顺从,我们就必须转变看待权力的视角,而这似乎也是难以实现的——一方面,它只能由被压迫者来完成,而另一方面,这又超出了他们的能力范围,因为他们受到的压迫恰恰限制了他们讲述和分析经历的可能性。

每个女性来到世界上时,
这个世界已被一种女性气质规范所建构,
而这种规范便是顺从。

5 顺从的经验

面对顺从研究带来的这些看似无法解决的问题,人们可能会就此放弃,但波伏瓦向我们指明了一条全新的道路,使我们最终能够认清顺从的真实面目。

一种优势立场

波伏瓦的一大创新之处在于,她认为自己处于一种特殊的立场,能够向人们揭示顺从,或者更广泛地说,揭示女性经验,发掘出它们从未被看到过的一面。的确,波伏瓦是一个女人,"女人"也是她自我定义的首要特质(正是为了能够思考自我,她才写下了《第二性》)。然而,波伏瓦能够揭示女性的处境,并不仅仅因为她是一个女人。虽然男人和女人一样既是裁决者又是当事人,但是"要真实反映女性的处境,仍然是某些女人更合适"。她认为,包括她自己在内的一些女人处在一种特殊的位置上。她们是女人,但与此同时,她们"不必感到女性身份是一种困惑或者障碍";因此,一方面,她们能"更直接地把握,作为女人的事实对人类来说意味着什么",另一方面,她们对这个问题抱一种超脱的看法,能够"期望得到一种客观的态度",能够"让自己显得不偏不倚"[1]。在回忆录中,波伏瓦强调了她自身的这种优势立场:

> 不，我绝对没有因为自己是个女人而感到痛苦难耐，我反倒是自20岁起便聚集了男女两种性别的优势。自《女宾》出版之后，我周围的人便同时将我视作一个作家和一个女人。这在美国更加明显：在各种聚会中，女人们都扎成一堆谈天说地，可我则同男人们在一起聊天，不过，他们对我比对他们的同性要更殷勤一些。正是这种女性的优越条件才让我鼓足了勇气，去写《第二性》的。它让我得以用平静的心态去表达。[2]

显然，人们会怀疑波伏瓦是否真的一直以来都被她的男伴们当作同类来对待，也会怀疑她是否从来没有感到女性身份是一种障碍，因为这一点与《端方淑女》(*Mémoires d'une jeune fille rangée*)中的许多片段自相矛盾。然而，她解决视角问题的方式非常有意思：由于她的女性身份，她在女人的世界里长大，她亲身体验作为女人意味着什么，她比大多数男人更直接地接触到各种不同的女性经历；另一方面，她受到的教育、她作为知识分子的生活以及她的作家身份又为她提供了一种其他女人无法获得的可能性。

正如波伏瓦解释为何女性很难成为创造天才时所说的那样，创造是"在人的自由，即创造者的自由之上重造世界的尝试；一个人必须首先明确地摆出自由者的姿态，才能产生这样的抱负"[3]。只有对自己在这个世界上的合法地位有坚定的信心，才有可能产生抱负去进行创造。波伏瓦正处在一种特殊的位置上：她受到的教育和她特有的品质给予了她拥有这样的抱负的可能性，而这种抱负一直以来都是女性无法企及的。一般来说，由于男性统治，女性没有机会甚至没有念头去表达自己的想法，因为她们的经验总是预先被看作是无足轻重的。虽然波伏瓦是一个女人，但得益于她父亲的经济支持，她可以像一个男人一样学习知识、出人头地。因此，从她的经验来看，她是个女人，而由于她的存在于世的分量，她同时又是个男人。

因此，波伏瓦显然处在一种社会处境和一种社会特权的交叉点上——她作为被压迫者的社会处境使她能够看到社会现实某种被掩盖的真相，而她的社会特权又使她能够思考和写作，能够被阅读、被倾听。这种双重立场使她不至于像斯皮瓦克那样成为被迫沉默的底层人，使她能够表达对世界的看法，能够向人们揭示男性哲学家们不能或不愿意看到的生活的真实面貌。

我们已经看到，日常生活往往被哲学忽略，不仅因为它对哲学家们来说似乎过于平庸，不值得关注，而且还因为哲学家们的社会地位使他们得以置身于这种日常之外。比如，女性主义认识论的研究者们在研究男人和女人获得不同知识的方式时发现，就像机械师比其他人更容易发现发动机的机械故障一样，由于家务劳动中的性别分工，女人能**看到**一些男人看不到的东西。比方说，因为女人总是负责收拾和打扫，所以她们能看到男人甚至都不会注意到的脏袜子。这并不意味着女人天生就更善于发现要洗的衣服，或者说男人天生就对家务劳动更加迟钝；人们对家务劳动的感知力包含社会因素的作用，它受到性别分工的影响。

波伏瓦是一个女人，而女人一直以来都被禁锢在家庭生活中，因此波伏瓦详细研究日常生活的各个复杂方面，从家务和厨房的哲学问题到月经和青春期对身体的影响。另外，站在她特殊的立场上，波伏瓦能够以一种极为敏锐的方式把握女性顺从：作为女人，她在自己和周围女人身上看到了奉献和牺牲的乐趣，而作为以自由为核心价值的存在主义知识分子，她又为女性顺从的种种表现感到愤慨。正是顺从的诱惑性（比如她在《端方淑女》中强调的那样）和对顺从的本能拒斥（就像她在《第二性》中描写闺中女子时多次提到的那样）之间形成的这种张力，使波伏瓦得以将顺从的各种复杂内涵揭露出来从而展开分析。

一种独特的现象学方法

波伏瓦所处的立场让她得以用全新的方式看待和揭示女

性经验，尤其是女性的顺从经验，此外，她也必须找到一种适当的方法，以解决日常性和自下而上的权力分析法所带来的问题。为此，波伏瓦从现象学[4]中汲取灵感。现象学既是一种哲学思潮，也是一种哲学方法，它作为一门学科是由德国哲学家埃德蒙德·胡塞尔（Edmund Husserl）于19世纪末创立的，虽然在此之前就已有一部分哲学家使用过这个词。该学科在整个20世纪朝着许多不同的方向不断发展，有时这些方向甚至是互相矛盾的。

从杏子鸡尾酒说起

胡塞尔创立现象学，旨在提出一门主观经验的科学，使哲学能够回到事物本身。为此，胡塞尔关注意识被直接体验的方式，也就是第一人称的意识。例如，他想要知道，对于一个主体来说，到底什么是看见、听见、感觉，到底什么是行走和说话。波伏瓦在回忆录中讲述了她和萨特第一次听说胡塞尔时的情形：那时雷蒙·阿隆*（Raymond Aron）刚从柏林回到法国，他在德国发现了胡塞尔的新鲜哲学思想，指着面前的杏子鸡尾酒对萨特说："你看，我的小同志**，如果

---

* 法国著名思想家，是萨特在巴黎高等师范学校的同学。
** "我的小同志"（mon petit camarade）是自学生时代起阿隆对萨特的昵称。

你是一个现象学家,你可以谈论这杯鸡尾酒,然后从中研究出哲学来!"这件事让萨特坚信,现象学的方法将使他能够"按照他接触到的事物的样子谈论事物,这就是哲学"。对他和波伏瓦来说,"同时肯定意识的自主性和世界的在场"[5]将成为可能。

受到这件事的启发,波伏瓦从胡塞尔哲学中汲取了许多思想。首先,现象学研究实际生活体验,并认为这些体验提供了一种掌握世界意义的途径。波伏瓦采用了这一观点,将胡塞尔的 Erlebnis 概念直译成法语"L'Expérience vécue"(实际体验),作为《第二性》第二卷的标题。波伏瓦传达的信息非常明确:她想要研究女性的实际生活体验,从而揭示"女人"在世界上所代表的真实意义。正是依据她收集和分析的众多体验,我们才能够从女性的角度、按照女性的经验理解女人到底是什么,而不再仅仅依靠传统的男性视角。

波伏瓦从胡塞尔身上获得的第二个启发与这种对实际生活体验的关注密不可分,那就是要赋予"第一人称"以核心地位。现象学关注的是作为第一人称体验的意识和经验,也就是那些由某个主体获得并从这个主体角度分析的体验。现象学的中心思想之一是,每一个意识行为都是意向性行为,也就是说,人的意识具有"指向"对象的能力。当我们思考作为女人的意义时,第一人称的使用具有特殊的意义。波伏瓦在《第二性》的第一卷中表示，男人把女人变为他者的一种表现就是男人自视为客观性和"第三人称"的化身。因此，采用第一人称的做法本身就具有重要的女性主义意义。

最后，正是受到胡塞尔及其继承者的影响，波伏瓦才能够突出展现日常性哲学的一个重要方面，即身体的作用。在《观念II》(*Ideen II*)中，胡塞尔提出有两种体验身体的方式，一是把它作为纯粹的物质物，二是把它作为有生命的躯体。在科学方面，身体仅仅是纯粹的物质物——例如，在物理上，我们思考身体在空间中移动的速度，我们测量这个速度并得出规律；而与这种科学观念完全相反的是，在自然观念中，身体是有生命的。有生命的身体在四个方面区别于纯粹的物质物：它是各种感觉的集合，是所有自发运动的起点，是我们在空间中定位的固定参照点，它也参与各种因果关系。后来，胡塞尔列出了一系列有待研究的现象学问题，如生死问题、无意识问题、历史性和社会生活问题等，此外还有"性别问题"。[6] 波伏瓦在她的分析中给予身体的地位——我们将在后文重新回到这一点——清楚地反映了她对胡塞尔及其继承者们尤其是莫里斯·梅洛-庞蒂*（Maurice Merleau-Ponty）的方法论和主题的承袭。

---

* 法国哲学家，存在主义的代表人物，知觉现象学的创始人。

波伏瓦方法的独创性

基于此,波伏瓦在《第二性》中采用了一种现象学方法,她注重描绘各种第一人称的体验。在《第二性》导言的结尾,她为自己定下的任务是要"从女性的角度描绘她们固有的世界"[7]。《第二性》第一卷主要论述女人是如何被男人界定为他者的,从而使我们理解顺从为何会成为一种女性命运;而第二卷旨在从女性实际体验的角度对这种顺从进行描绘。因此,对于那些关注女性顺从、关注她们对这种顺从的接受的人来说,《第二性》是一份非常宝贵的资料,因为它提供了第一份关于女性顺从的现象学分析。

波伏瓦的分析彻底打消了一种高高在上的家长式方法的疑虑。显然,顺从并不仅仅是一无所有的贫困印度女性的命运,也不仅仅发生在那些戴上面纱、丧失对自由的渴望的穆斯林女人身上。波伏瓦对所有年龄段、所有处境下的所有女性的实际顺从体验进行现象学分析,从而突显出女性顺从的普遍性甚至是全球性。然而,这种普遍性并不是由于所有女性都以顺从为乐,而是来源于这样一个事实(见《第二性》第一卷),即每个女性来到世界上时,这个世界已被一种女性气质规范所建构,而这种规范便是顺从。

对于那些习惯阅读哲学著作的人来说，《第二性》的第二卷可能令人感到有些意外。波伏瓦在六百多页的篇幅中呈现了大量的个体经历、文学和科学作品节选、各种证词等，她用丰富的事实和细节来描绘"女人的传统命运"：

> 女人是怎样学会适应她的生存状况的，她是怎样感受的，她封闭在什么样的天地里，她被允许逃避哪些约束，这就是我竭力要描绘的。[8]

在波伏瓦看来，描绘女性的生存状况是女性解放的必要前提。[9]

这种描绘的独创性体现在三个方面。首先，波伏瓦展现了女性日常生活的复杂性和多样性，这是前人未曾做过的。其次，她没有采用外部视角，而是尽力忠实于女性的**真实体验**，描绘出生活的本来面目。一般情况下，人们仅从男性视角来分析或评论女性生活，女性一直以来都只是一个对象——研究对象和性欲对象；而在《第二性》中，女性首次成为多元的主体。波伏瓦是一个现象学家，她注重各种第一人称的体验；她也是一个富有创新意识的现象学家，因为她选取了非常多样化的第一人称素材。

最后，与上述特点密不可分的第三个独创性与波伏瓦自身采取的立场有关。与萨特及其他现象学家不同,波伏瓦在描绘女性的实际生活体验时没有使用第一人称,这显然说明,她要写的并不是她的个人经历。作家弗朗索瓦·莫里亚克(François Mauriac)在写给《现代》*(Les Temps modernes)杂志的合作人罗杰·斯特凡(Roger Stéphane)的信中说,"我已经了解了关于你们女主人的阴道的一切"。[10] 和这位作家的言下之意恰恰相反,波伏瓦在书中使用第三人称来描绘女性经历;她评判这些经历时采取的严肃态度也表明,她的这些描绘不带有任何自传性的成分,而是她仔细研究大量的私人日记、知名女性的回忆录、心理学和社会学资料的成果。同时,与保持旁观者姿态的社会学家不同,波伏瓦既是裁决者又是当事人。她描绘家庭主妇的日常生活和女性的生育经验并不是为了描绘她自己的经历,整个第二卷的内容都是大量的资料收集工作的结果;而另一方面,她的个人经历又是她写作的一个重要依据。比如,我们把波伏瓦在《第二性》中描写的女孩对"白马王子"的渴望同她在《端方淑女》中讲述的她自己的青春期幻想对照起来看,就可以发现这一点。

波伏瓦的独创性就在于,她的分析既不是对个体经验的简单概括(这是萨特的现象学中经常出现的情况),也不是

---

* 萨特与波伏瓦于1945年10月创办的杂志。

对他人经验科学冷静的纯客观评述。波伏瓦既从她的个人经历、她朋友的经历以及她对日常生活的观察中汲取灵感，[11]又从大量的文学作品和科学研究中提取素材，从而从众多的生活经历和第一人称体验中归纳出典型经验和典型人物。因此，她的论述既不带主观性论调，又没有重蹈男性视角的覆辙——后者往往刻板地把这些经历同女性本质假说联系在一起。波伏瓦反对普遍的、固定的、超越历史性的"永恒女性"概念，她挖掘众多个体经历，并把它们共同展现出来，它们不是独立的个案，而是关于身为女性的第一人称体验的各种不同表现形式。视角的多样性非常重要，因为它让我们得以抹去各个个体和各种处境的特殊性，从而归纳出一种更为普适的经验。波伏瓦的现象学并不像胡塞尔、海德格尔或萨特的现象学那样旨在建立一种关于认识或关于世界本身的哲学，它是波伏瓦为了分析一种特定的处境即女性处境而利用的工具；要真正认识这种女性处境，我们就必须描绘第一人称的体验。

波伏瓦将现象学方法和社会生活的马克思主义方法结合起来，创造出一种新的方法，从而分析女人是如何体验女性处境的。她借鉴海德格尔的观点，即个体的处境总是已经被赋予了意义，而个体对这种意义的影响是有限的。她不再局限于个体本身的单一视角，[12]而是不断丰富她的素材——

通过描绘同一处境中的各种不同实际体验，她向我们表明，这种处境是既定的命运，女性需对这种命运采取立场。她重视法律框架和经济结构对女性处境的影响，[13]因而采纳马克思主义的观点，即分析基础建设和上层建筑对于理解个体间关系是十分必要的，同时她又没有忽视这些关系的存在主义维度。[14]因此，在第二卷中，波伏瓦创造了一种具有独特意义的现象学，这是她借鉴吸收存在主义现象学的各种不同组成部分的结果，也正是基于这一点，她才得以解决研究女性顺从的方法问题。

为什么选择现象学？

波伏瓦利用现象学方法对女性顺从展开分析，并且她的分析避免了再现男性那种物化女性的姿态，至少在一定程度上解决了被统治者的失语问题。一方面，采用现象学方法有助于我们从自下而上而非自上而下的视角看待主体的经历；另一方面，这种方法也让我们得以发现其中的规律性，它向女性暗示了这样一个事实，即她们以为的独有的个人经历实际上是广泛存在的，个体的也是共有的。

被压迫者的沉默

研究顺从，就是要从处于劣势地位的人的视角分析统治关系，这在一定程度上意味着我们要思考这种劣势地位是如何被体验和被分析的。然而，我们已经知道，要找到一种自下而上的方法来分析沉默的被压迫者的经验，是非常困难的。[15]

波伏瓦采用的现象学方法帮助她解决了这个方法论难题。[16] 事实上，今天现象学在人文科学研究中的运用就能够说明，现象学逆转了传统分析过程的方向。传统的研究者通常寻求个体间的客观规律，他规避任何可能影响其观点中立性的主观因素，而现象学家则完全相反：他从自己的个人经验或其他人的主观经验出发，以这些内在经验为基础进行一种"外化"的分析。布鲁诺·弗莱尔（Bruno Frère）和塞巴斯蒂安·劳鲁*（Sébastien Laoureux）在其关于现象学在人文科学中的运用的著作中写道：

> 人文科学研究希望摆脱那种对世界、空间和主体的高高在上的观点，而现象学的运用几乎完全解决了这个

---

* 布鲁诺·弗莱尔和塞巴斯蒂安·劳鲁均为比利时现象学学者。

问题。在那些构成生命的大结构（如无意识、社会、政治等）之下，我们试图把握在此时此地有意义的东西，然后再假设我们要揭示的一般框架的存在。个体对整体而言非常重要，而为了展现这一点，必须深入研究人类的实际经验，这些实际经验是由与身体、动物、事物和他人的直接关系组成的。为了精确剖析实际经验的素材和可归纳的内容，采用现象学的角度似乎是最为恰当的。[17]

因此，波伏瓦忠实地记录下她在个人访谈、回忆录、文学作品和科学文本中收集到的大量证词，通过现象学方法在某种程度上成功地让顺从的女性一直以来被压制的声音得以被听见。

社会结构

然而，波伏瓦使用现象学的方式是独特的，因为她并没有局限于仅仅用现象学来揭示个体经历——现象学使她能够阐明那些"构成生命的大结构"是如何发生作用的，以及它们是如何被个体体验的。通过这种方式，波伏瓦将个体和结构共同置于持续不断的相互作用中：在《第二性》第二卷中，她利用现象学来探索女性的传统命运，也就是说，探索女性作为个体是如何被男性统治所建构的。

现象学既被用于一种自下而上的归纳法——从具体个案中了解女性的总体处境，也被用于一种自上而下的方法——剖析每个女性个体的实际生活体验是如何受到女性总体处境影响的。《第二性》第一卷题为"事实与神话"，它以人们普遍持有的观点回答了"女人是什么？"的问题，这种男性惯有的传统观点把女人视作他者；而在题为"实际体验"的第二卷中，波伏瓦完全转变了视角和观点，她通过现象学来分析身为一个女人究竟意味着什么。波伏瓦采用这两种观点，是因为我们不能脱离具体的社会语境，抽象地回答"女人是什么？"这个本质问题。我们无法设想一个置身于性别差异之外并且能够客观地分析这种差异的先验主体。在波伏瓦身处的男性统治背景下，女人是什么，就等于女人对男人来说是什么，以及男人所持的看法对女人来说意味着什么。波伏瓦在导言中解释了她采用的这种二重观点：

> 因此，我们将以讨论生物学、精神分析学、历史唯物主义关于女人的观点开始。随后我们将力图从正面指出，"女性实在"是怎样形成的，为什么女人被界定为他者，按男人的观点看，其后果是怎样的。我们将按女

人的观点描绘她们固有的世界；这样我们才能明白，女人竭力摆脱至今给她们划定的范围，尽力参与到人类的**共在**中遇到怎样的问题。[18]

在第二卷中，波伏瓦运用现象学，同时揭示了两种现象，一是阐明了男性观点是如何自上而下地建构女性的实际生活体验的，二是通过归纳揭示了顺从经验的现实。换句话说，波伏瓦阐述了什么是顺从，以及这种顺从是如何融入身体、思想和情感，也就是如何通过男性对女性他者处境的建构融入女性的实际体验的。

这可能是波伏瓦对现象学的借鉴中最复杂也最精彩的一点。波伏瓦没有像社会学家那样简单地描述女性的生存状况或实际经验。在每一章中，她书写的女性形象并不是对某种处境下的具体女性个体的归纳概括，而是所有这些处境中的海德格尔式的"常人"，也就是说，她所展现的是，根据社会规范，女性应该如何表现，应该如何体验她的处境。诚然，波伏瓦的描绘也符合女性在一般情况下的行为方式，但这恰恰是因为所有社会规范——如果它正常发挥作用的话——最终描绘出来的都是统计学意义上的正常现象。然而，从波伏瓦的角度来看，重要的是我们要知道，她所描绘的经历是外部施加给女性的，而不是她们体验的，尽管在现实中这两种经历是重叠的。事实上，波伏瓦用第二卷前三部分的章节来明确描述那种由外界施加的、女性无法逃脱的命运，在波伏瓦看来，这一点证明了她对这些经历作出评判是有道理的。

> 由于家务劳动在维持现状中被消耗掉，丈夫回家时发现凌乱和疏忽，而他觉得井井有条和干净整洁才是天经地义。他对一顿美餐更感兴趣。下厨的女人凯旋的时刻就是她把一盘美食放在桌上的时候，丈夫和孩子们热烈地迎接她，不仅用言语来表示，而且愉快地吃完它……下厨女人的辛劳只有在食客的口中才能找到真实的反馈：她需要得到他们的赞许；她希望他们喜欢她做的菜，他们会再添菜；如果他们推说吃饱了，她便生气，以致我们弄不清炸土豆是给丈夫准备的，还是丈夫是为炸土豆准备的——这种模棱两可的态度在大多数家庭主妇身上都有。[19]

在这段描述中，家庭主妇的形象显得有些可笑，她的期望值过高，反应过度，波伏瓦对她模棱两可的行为的叙述似乎带着一些嘲笑的意味。只有当我们理解了波伏瓦对现象学的创新性运用，她对这些女性的一再评判才显示出真正的意义：诚然，波伏瓦采取了一种外在的立场，但是她的立场并不附带任何优越感。她并不评判现实生活中那些自欺欺人的女性，她严厉评判的是受到男性建构的女性命运左右的女性行为。

顺从是一种命运

因此，现象学方法不仅为波伏瓦的分析也为我们的研究揭示了重要的一点：通过分析女性的传统命运，波伏瓦指出，任何年龄、任何处境下的女性都注定要顺从于男性。她回避了一个似乎无法解决的问题，即那些表象可以让我们知道谁是顺从的，谁又是不顺从的，谁是真实的，谁又是不真实的。然而，波伏瓦通过大量的细节、事实和相互交织的经历，为我们揭示了这样一个显而易见的事实：她研究的所有女性形象都有一个共同点，那就是女性存在的不确定性，以及她们作为人类所拥有的自由与她们在男性统治下被沦为客体和绝对他者的命运之间的永恒的矛盾。面对这种矛盾，女性不得不采取顺从的态度，这是她们的处境所要求的。因此，顺从不是特殊现象，也不是背离规范的行为，而是"常人"和社会规范为女性规定的态度。只要你是一个女人，你就要顺从。

所有女性的经验?

然而,对于这种现象学方法,人们不禁要问:波伏瓦给出的这种归纳概括是否真如她所暗示的那样站得住脚?女性主义的历史总是被形象地概括为三次"浪潮"。19世纪末20世纪初的第一次浪潮的核心目标是为妇女争取选举权。第二次浪潮兴起于《第二性》发表之后,主要诉求是实现两性平等,尤其是要将女性从家庭的牢笼中解放出来。然而,从20世纪70年代起,第二次浪潮受到了一些女性主义者的强烈批判,他们认为这次运动的主流理论忽视了女性处境的多样性,而这批女性主义者也成为第三次女性主义运动浪潮的主力军。在他们看来,之前的女性主义者们大多是来自优越社会阶层的西方白人女性,她们总是倾向于认为世界上的所有女性都因其女性身份而拥有相同的经验,殊不知她们所描绘的经验仅仅属于西方白人女性。因此,第三次浪潮的女性主义者们主张采取一种"交叉"[20]的方法,即要考虑到基于种族、阶层和性别等因素的压迫的多样性,以及这些压迫是如何被叠加在一起并作用于女性的。比如说,黑人女性不仅仅是作为黑人或者作为女性受到压迫,她受到的是来自黑人和女性双重身份的双重压迫。

因此，波伏瓦曾因其在《第二性》的现象学分析中作出的概括性评述多次受到批判。例如，英国人类学家朱迪斯·奥克利（Judith Okely）指责波伏瓦更像是在进行一次关于圣日耳曼街区*的女性的人类学研究，而她在此项研究中似乎把自己当作一个典型案例。[21] 很明显，波伏瓦甚至不知道交叉性的概念，她似乎总是对女性作出一些简单化的假设。她把女性经验和黑人经验严格地区分开来，以至于她似乎没有考虑到黑人女性的经验；她认为在家庭之外有一份工作是女性获得自由的方式，但是她没有意识到，大部分社会底层的女性都在工作，而这种工作对她们来说并不是一种解放；[22] 她唯一提到的非西方世界女性是那些生活在深闺中的穆斯林女人，而她对她们的看法依然是充满东方主义偏见的。

然而，波伏瓦的优势在于，尽管存在这些不可否认的缺点，但《第二性》一直以来都在世界各地的读者群中得到了广泛的认同。这可能是20世纪最畅销的哲学书，在出版后的最初几周内就已售出了2万册。它在法国的销量超过100万册，并在世界范围内被翻译成40多种语言。[23] 自这本书出版的那一刻起，波伏瓦就收到了世界各地女性读者的来信，这些信件几乎都表达了同样的意思：阅读《第二性》让

---

* 巴黎市第六区内的一个街区，人文艺术气息浓厚，波伏瓦经常出没于此街区的咖啡馆。

她们从孤独中走了出来，让她们理解了自身的存在和女性气质。波伏瓦收到的这成千上万封来自世界各地的信件对于我们理解她现象学分析的意义非常重要。虽然世界各地的女性获得的关于身为女人的经验并不完全相同，但波伏瓦的书写却在她的女性读者中产生了广泛的共鸣。例如，她们在阅读的过程中意识到，青春期时她们由于感到自己年轻女性的身体正在被凝视而产生的不适感事实上是一种普遍的共同经历；她们看到自己的家人狼吞虎咽地吃完准备了很久的饭菜而产生的挫败感事实上也是许多人共同体验过的。正是波伏瓦将这些经历视作男性统治的产物，女性读者们才能认识到20世纪下半叶以来女性主义的核心观点，即个体是政治性的。她们开始明白，她们的个人经历与波伏瓦描述的其他女性的经历有许多共同之处，不能仅仅被看作一个个例，而是普遍存在的压迫的结果。她们的处境如此，并不是因为她们有一个特别不称职的丈夫或特别不孝的孩子，而仅仅是因为她们是女人，她们就注定要顺从，尽管作为人类她们渴望的是自由。

总之，对顺从话题进行哲学分析会遇到很多障碍，为了解决这个难题，波伏瓦独创了一种方法来研究被压迫者的日常经验。由此，她改变了哲学的内涵：她以第一人称说话，她使用其他人的第一人称体验，包括妓女和匿名女性的经历，而在此之前，这些声音从未受到哲学的关注。波伏瓦致力于阐述那些传统哲学领域之外的、只隶属于日常生活的话题，如家务劳动、月经、女性欲望等。因此，她利用自己作为一名女性作家的优势地位向我们揭示，传统哲学并没有关注到那些关切女性的核心问题，尤其是她们的顺从。

波伏瓦对现象学、马克思主义哲学和黑格尔哲学的借鉴吸收富有哲学性和创新性，因为这根植在她作为女性所经历的日常体验中。然而，不可避免的是，波伏瓦对日常生活的关注使得一些人对她作品的哲学价值产生了质疑——他们的逻辑是，既然波伏瓦描述的是普通的生活，那么她写的书和她的研究也是普通的。其实，这正是波伏瓦的创新性所在——她利用哲学史来创造工具，从而对女性和男性的日常生活进行哲学分析。事实上，《第二性》是一部真正的哲学著作，无论是基于它所蕴含的现象学和存在论方法，还是基于它的出发点和它产生的效果，阅读这部著作改变了我们与世界的关系。

因为顺从，女性始终是他者。

6 顺从是一种异化

波伏瓦将她的处境论和现象学方法结合起来，揭示了女性顺从的机制：男性对女性的压迫经历了一个异化的过程——将女性转变为他者，这也是客体化的过程。女性顺从于男性，是因为她们一直以来都被男性——因此也被她们自己——视作客体而非主体。

压迫即异化

为了解释为何顺从总是构成女性处境的一个重要方面，波伏瓦将女性气质与压迫造成的其他结果进行比较。因此，她提到了许多同样处在压迫中的人物形象，如黑人、犹太人和无产者等。[1] 然而，这样的比较有一个问题，因为波伏瓦在不经意间忽视了多重身份的可能性[2]——她似乎在其中隐含了一条信息，即女性必然是白人、基督徒、资产阶级。尽管如此，她的比较仍然为我们揭示了这些不同形式的压迫具有的共同点，即压迫的内涵就在于压迫者将被压迫者构建为他人。

压迫或被转变成"他人"的被压迫者

对于哲学家和许多20世纪的左翼人士来说，我们可以在著名而晦涩的"主奴辩证法"(dialectique du maître et de l'esclave)中找到解释压迫的最佳途径。虽然黑格尔没有直接使用"主奴辩证法"的表述,但他在《精神现象学》(Phénoménologie de l'esprit)一书中对人际关系的分析正指向这一概念。在这部作品中,黑格尔指出,自我意识的形成只有借助于他人的中介才能实现;然而,他人的形象首先是消极的,是一种威胁。因此,自我既要消灭他人,又要获得他人的承认(reconnaissance),由此产生了著名的意识承认斗争:黑格尔认为,我们可以把两个个体的相遇想象成一场你死我活的殊死斗争。在这场斗争中,两个个体的其中一方——我们翻译成仆人或奴隶——害怕死亡,为了保住自己的生命而愿意承认对方,而作为主人的另一方得到承认,并因此获得了某种形式的自由。这种斗争模式后来为马克思主义哲学所借鉴;20世纪30年代,哲学家亚历山大·科耶夫*(Alexandre Kojève)在其于巴黎开设的关于黑格尔的课程中对这种模式进行了人类学和马克思主义解读,并称之为"主奴辩证法"。科耶夫指出,矛盾的是,争取承认的斗争使奴隶处于比主人更有利的地位:得到承认以后,主人需要奴隶的存在以维持这种承认,而奴隶却不需要主人的存在;此外,通过他的劳动和他对世界的改造,奴隶获得了一种独立于主人的

---

* 俄裔法国哲学家,新黑格尔主义代表人物。

自由。因此，科耶夫在主奴辩证法中发现了一种分析阶级斗争的范例：奴隶通过他的劳动进行创造，并在这种创造中自我承认，他因此又创造出新的条件，让他得以继续为获得承认而斗争。在任何情况下，只要奴隶同意承认主人为主人，压迫就会以以下方式发生作用：主人把奴隶视为他人，也就是一个本质与自己完全不同的存在；通过让对方成为奴隶，他完全消除了相互承认的可能性。

波伏瓦非常熟悉《精神现象学》，她在1940年夏天阅读这本书以摆脱战争的忧虑，[3] 她也非常了解科耶夫的哲学思想。在《第二性》中，波伏瓦根据科耶夫对承认斗争的解读，揭示了压迫的一般结构和男性统治的特征。

男性统治的特征：女性是他者

波伏瓦认为，压迫的一般结构是由这种承认斗争直接演化而来的：通过压迫机制，一个占统治地位的群体将另一个群体转变为"他人"的群体，并为他人与自身之间的区别赋予一种特殊的意义，从而强调这个他人群体的他性（altérité）。例如，白人因黑人灵魂而压迫黑人，而犹太人因犹太身份受到压迫，女性则因永恒女性气质受到压迫。

但是，波伏瓦的分析并不止于此。她将"他者"区别于

"他人",从而揭示了女性受到的压迫的特殊性:

> 只不过他者的意识会以其人之道还治其人之身:在旅行中,一个地方的人愤慨地发现,轮到邻乡人把他看作外乡人;在村庄、部落、民族、阶级中,存在战争、交换礼物的节日、市场、条约、斗争,使他者的概念失去绝对意义并显现出它的相对性;个体和群体不管愿意与否,都不得不承认他们之间关系的相互性。在男女之间,这种相互性怎么会没有出现呢?其中的一个性别怎么会作为唯一的本质得以确立,同时否认它的相关者的一切相对性,并将这相关者界定为纯粹的他性呢?为什么女人不质疑男人的主宰地位呢?任何主体不会一下子自发地将自己确定为非本质,他者并非将自我界定为他者来界定主体,他者是因为主体将自己确认为主体,才成为他者的。但是,为了不致使他者反过来成为主体,就必须让他者顺从于这种被看成异邦人的观点。女人身上这种顺从是怎么来的?[4]

男女关系有其特殊性:女性并不像其他所有个体那样既是主体又是客体,既是自我又是他人,在她们的异化中不存在相互性。因为顺从,女性始终是他者。因此,"女人是什么"这个问题的答案是,"女人是他者",因为女人顺从于男人。真正回答"女人是什么?"这个问题,就等同于回答"女人身上这种顺从是怎么来的"。

根据黑格尔以及继黑格尔之后的哲学家们的分析,对于"我"来说,别人(autrui)是一个相对于"我"这个主体而存在的他人,并且别人使"我"意识到,"我"对别人而言也是一个他人。这种他性的相对性和相互性不断地在日常生活中显现出来。正如萨特对凝视的分析所表明的那样,"我"清楚地知道,他人把自己视作主体,把"我"视作他人,因此"我"对别人而言是一个他人,对自己而言是一个主体。然而,女性被男性构建为他者,也就是一种绝对的他性。

一种非辩证关系

"他者"中他性的绝对性具有重要意义,因为这种绝对性意味着男女关系是非辩证的,也就是说,它不可能发生演变。[5]的确,波伏瓦经常将女人视为奴隶,将男人视为主人;她还提到黑格尔,并多次称女性的存在是"辩证"的。这些事实可能会让人以为波伏瓦将男女关系同主奴辩证法联系起来。事实上,女性的处境使这种辩证关系不可能存在。在黑格尔的辩证法中,承认问题和辩证运动都以个体间最初的平等关系为前提。两个个体寻求他人的承认,其中一方因为害怕死亡而放弃这种承认并把他的承认赋予另外一方,另外一方因此而成为他的主人。[6] 随后,辩证运动开始进行。表面上是胜利者的主人进入了由他的胜利造成的困境:他只获得了奴隶的承认,因此他依赖于一个他并不认同与其平等的人。相反,奴隶则找到了战胜否定和奴役的途径——劳动。通过体力劳动,他得以改造自然,从而使自己从主人和自然中解放出来;他能够意识到自我的存在,从而获得自由和某种形式的独立,而主人必须依靠奴隶的存在才成其为主人。然而,在波伏瓦看来,女性一直以来都被认为是低人一等的:

> 无产者不是一直都有,而女人却始终存在;她们因生理结构而成为女人;在历史可追溯的年代,她们就一直从属于男人,她们的从属地位不是一个事件或者一次变化的结果,这不是应运而至的。[7]

女性的从属地位与黑人、犹太人和无产者的从属地位有本质上的不同,因为它不是某个事件的结果,它不可被追溯,它一直都存在。[8] 因此,女性与男性的地位从一开始就是不平等的,男女关系与黑格尔的主奴关系并不能同日而语。

劳动是女性和奴隶之间的第二个主要区别。根据黑格尔的观点，主人和奴隶之间的关系是辩证的，因为在奴隶获得自我意识并战胜否定的过程中，劳动发挥了作用，尤其是体力劳动，它是奴隶获得解放的必要条件。[9]然而，波伏瓦所说的女性——也就是按照那个时代的社会标准存在的女性——并不劳动，或者说，她们的劳动一方面不被视为劳动，另一方面又不具备奴隶体力劳动的那种产出性。事实上，正如波伏瓦对家庭生活作细致描绘时所指出的那样，已婚女性的劳动无法带来解放，因为她们的劳动仅仅只是一种对消极性的抗争：

> 很少能有任务比家庭主妇的劳动更像西西弗的酷刑了；日复一日，她必须洗盘子，给家具掸灰，缝补衣物，这些东西第二天又会被重新弄脏，满是灰尘和裂缝。家庭主妇在原地踏步中变老；她什么都不做；她仅仅在延续现状；她没感到获得积极的善，而是无休止地与恶作斗争……孩子把未来看作不确定地向未知的高峰攀登。突然，在母亲洗盘子的厨房里，小女孩明白了，多年以来，每个下午，在同一时刻，这双手要浸到油腻的水里，用粗抹布擦瓷器。直到死，她们都要顺从于这

些仪式。吃饭、睡觉、打扫……岁月不再向天国攀登，它们就像一张平摊开来的桌布，千篇一律，灰暗平淡；这是日复一日的重复；这是无用的、毫无希望的、永恒的现在。[10]

家务劳动不具备黑格尔描述的劳动的任何优点，它仅仅只是女性与肮脏、混乱和破坏的消极性的斗争；它没有让女性意识到自我的存在，相反，它把她们困在内在性和单调的重复中，而这种重复阻碍她们进入一种自由的时间性（temporalité）。积极的劳动（黑格尔的奴隶劳动、马克思的作为解放的劳动、萨特的作为计划的劳动）和家务劳动（一种压抑自我意识的苦工）之间存在的这种本质区别，是波伏瓦将家庭以外的工作设想为女性解放途径的一个原因。当女性被限制在家务劳动中时，她们无法让自己与男性的关系辩证化，因为她们无法通过劳动解放自己。由此可见，女性与男性的关系并非与主奴的辩证关系类似。她是绝对的他者，而不是偶然的他人，她的绝对他性无法被推翻。

波伏瓦没有把主奴辩证法作为两性关系的哲学**模型**，而是作为**对比的工具**。[11] 她在女性地位和奴隶地位之间进行对比，而不是利用黑格尔描述的主奴形象来揭露性别不平等。因此，两性关系中不存在辩证张力，女性无法向男人寻求承认。由于女性未能提出这样的要求,男性不大可能意识到女性他性的相对性;因此,他们也不大可能实现在波伏瓦看来双方寻求承认时必然会达成的相互性。总之,男性要求得到承认,而女性则无法提出这样的要求,女性因此被构建为绝对的他者。

因此,波伏瓦在多个层面上运用了主奴辩证法。一方面,她把它当作一个术语(idiome)来运用,通过它来理解压迫的内涵——"他性是人类思维的一个基本范畴",[12] 而压迫的机制就是使原本相对的、不断运动的他性沉淀下来或被归化。另一方面,波伏瓦也通过主奴辩证法来强调女性压迫的特殊性——这种压迫是绝对的、静态的。如果说黑格尔的辩证法为无产阶级的解放提供了一种途径,那么相反,它也印证了性别差异导致的压迫是无法超越的。波伏瓦提出"女人是什么?"的问题,她立即发现,定义女人是什么,就是定义男人不是什么,女人是绝对的他者,这种他性一直以来都是奠定女性劣势地位的基础。因此,要回答"女人是什么?",就必须解释清楚从"女人"到"他性"到"劣势地位"再到"顺从"的这种几乎显而易见的转变。而女性顺从问题是本书的核心问题,我们要解决的是一个悖论:既然女性是与男性一样的人类,既然她们本应成为与男性一样的主体,那么她们又为何没有获得自由,而是被男性奴役呢?

女性客体

女性处于一种特殊的受压迫状态,这不仅仅因为女性的他性是绝对的,她因此而被剥夺了解放的可能性。女性处境的另一个特征是,她们并不像黑人、犹太人和无产者那样作为一个独立的社会群体被构建为他者,她们是作为个体成为他者的。

与压迫者共存

首先,女性不是一个少数群体或被边缘化的群体;我们已经看到,她们的从属地位不可被追溯,不是某个事件的结果。[13] 其次,与黑人、犹太人和无产者不同,她们没有彼此生活在一起,而是与她们的压迫者生活在一起:

> 她们分散地生活在男人中间,通过居所、工作、经济利益、社会条件和某些男人——父亲或者丈夫——紧紧地联系在一起,而不是同其他女人。资产阶级妇女与资产者休戚与共,而不是与无产阶级妇女;白种女人与白种男人息息相关,而不是与黑种女人[14]……即使在

梦中女人也不会消灭男人。将女人同她的压迫者维系在一起的纽带,是任何别的纽带不可比拟的。性别的区分实际上是一种生理上的既定,而不是人类历史发展的某一时刻才有的。在原始的**共在**内部,已形成他们的对立,但对立并没有使这共在破灭。夫妻是一个基本单位,这两个一半彼此是并列的,通过性别对社会进行任何划分都是不可能的。女人的基本特征就在这里:她是整体中的他者,这两者互相必不可少。[15]

男性统治的特殊性在于,它发生在个体间关系中,而其他大多数统治则发生在两个群体之间。把女性群体称作群体,这其实是一种语言的滥用,因为在女性中间不存在共同的群体身份,也不存在群体的团结性和社交性。相反,女性在家庭内部与男性成为同一体,与男性交往并团结在一起。

波伏瓦在此处提到了海德格尔的共在概念,她对性别差异的理解因而变得更为复杂。在海德格尔哲学中,共在的含义是,此在最初处在一个与他人(和谐)共享的世界中。人类在这个世界中要么是男人,要么是女人,并且他们总是与其他人在一起。因此,波伏瓦认为,一方面,男女之间的联系不是历史性的,所以不会发生根本性的变化;另一方面,女性永远不会成为一个社会群体。

这种对共在概念的运用非常有趣,因为它具有两重内涵。一方面,它似乎证实了某种悲观主义。如果在女性出生的世界中,性别差异已然成为她们劣势地位的标志,如果她们总是首先与男性生活在一起,那么我们很难想象该如何消除性别不平等。另一方面,它也淡化了黑格尔意识斗争哲学所体现的个体间关系中蕴含的攻击性。因此,波伏瓦借用黑格尔和海德格尔的哲学思想,她没有将它们对立起来,而是以一种独特的方式把它们结合在一起,从而开辟了相互承认的可能性。[16] 确实,在和谐的共在与敌对的承认斗争之间存在矛盾,波伏瓦在导言的开头就指出了海德格尔观点的不足之处:

> 倘若人类社会的现实仅仅是一种建立在团结和友谊基础之上的共在,这些现象就无法解释。相反,要是根据黑格尔的观点,人们在意识本身发现一种对任何其他意识完全敌对的态度,这些现象就明白如画了;主体只有在对立中才呈现出来:它力图使自身作为本质得以确立,而将他人构成非本质,构成客体。[17]

我们无法用和谐的共在来解释他性;而另一方面,科耶夫对承认斗争的解读又似乎排除了和谐承认的可能性,因此，男女之间的和谐幸福关系也似乎难以实现。然而，波伏瓦将海德格尔和黑格尔结合在一起，为我们揭示了超越意识之间的敌意并获得相互承认的可能性。因此，需要解决的问题是，是什么导致这种相互承认暂时无法实现，从而把女性禁锢在绝对他性中呢？

客体化与客观性

我们已经看到，任何压迫的特征都是异化，也就是把被压迫者转变为一个与自我完全不同的他人。在男性统治中，女性经历的异化表现在客体化上，也就是说，她们变成了客体，尤其是性客体。男性自视为主体，并把女性视作客体——低他们一等并注定要为他们所利用的生命。波伏瓦认为，女性被束缚在绝对他性中，这是因为她们被男性客体化了——这种客体化使得女性气质被男性构建为一种顺从，因此，在女性所处的世界中，顺从已然成为一种命运。

这种男性对女性的客体化对社会结构和知识结构产生了非常广泛的影响，波伏瓦强调了客观性、凝视和客体化三者之间的联系。因此，她在第一卷第三部《神话》的开头写道：

人们有时用"le sexe"*来指女人，因为她代表着肉体及肉体的快乐与危险；对女人来说，男人是有性特征的，有肉欲的，这是一个真理，却从来没有被宣布过，因为没有人宣布。将世界呈现为世界，是男人的活动；他们以自己的观点描绘世界，把自己的观点和绝对真理混淆起来。[18]

男性视角总是倾向于把自己想象成中立视角，因此，在这种视角下，女性的客体化也变成了自然的、中立的。然而，这种客体化并不客观，而是男性统治的结果。凯瑟琳·麦金农以波伏瓦的这段话为出发点，她强调，客观性是建立在男性观点之上的，而这种男性观点使女性客体化了：

男性以自己的观点**创造**世界，他们的观点因此而成为需要被描述的真理……以自己的观点创造世界的权力是男性形式的权力。男性认知姿态与其所创造的世界相对应，代表着客观性；这显然是一种置身事外的姿态，一种远距离的看法，没有任何特定的视角，似乎能够真实地反映它的现实。它没有意识到它是一种私人视角，它不承认它看待世界的方式是一种征服，是一个前提。

---

* 法语，有女性、性、性器官、性欲等意。

客观上可认识的事物是客体。在男人眼中，女人是一个性客体，男人通过这个客体把自己认作男人和主体。[19]

女性面临的处境与她们的客体化有着不可分割的联系，而男性统治掩盖了这种客体化；因此，女性顺从似乎成了一种客观条件，而不再是男性占主导地位的结果。

由于男性统治的存在，在女性身上有两个相互矛盾的事实：她们作为人类本质上是自由的，而男性观点把她们构建成低人一等的，因此她们又注定是顺从的。在《第二性》导言的结尾，波伏瓦的问题和这本书的结构都清晰地凸显出来：回答"女人是什么？"的问题，就是要揭露女性作为人类的自由和作为女人的顺从之间的冲突：

女性处境的特殊性在于，她作为整体的人，作为一种自主的自由，是在男人强迫她自认为他者的世界中展露自己和自我选择的，人们企图把她固化为客体，把她推至内在性，因为她的超越性不断被另一种本质的和主宰的意识所超越。女人的悲剧，就是这两者之间的冲突：总是作为本质确立自我的主体的基本要求与将她构成非本质的处境的要求。一个人在女性的条件下怎样才能自我实现呢？向她打开的是什么样的道路呢？什么样的道路会导致死胡同呢？怎样在附庸的状态中重新获得独立呢？什么样的状况限制了女性的自由呢？她能超越这些状况吗？……我们对个体的机遇感兴趣，将不用幸福这个词，而是用自由这个词去界定这些机遇。[20]

为了理解这种冲突，必须分析是什么让女性气质通过女性客体化被构建为绝对的他性，以及这种构建是如何架构女性顺从的。顺从是女性的条件，因为这是社会规范为她们提供的可能性；要通过分析来阐明是什么让这种顺从成为一种女性命运，它是如何延续的，以及男性和女性在这种延续中各自的位置是什么。因此，波伏瓦用整部作品来论述的核心观点可以换一种说法，那就是："女人不是生而顺从，而是变得顺从。"

顺从并不总是代表对自由的放弃，
它有时也是通往无限快乐的道路。

7 顺从女性客体化的身体

既然女人不是生而顺从,那么她们是如何在无法抵抗女性气质规范的情况下变得顺从的呢?为了阐明这一点,波伏瓦着重讨论了女性气质的身体维度,也就是顺从的身体维度。

女性无法抛开她的身体

波伏瓦在《第二性》的开头就指明,要回答她的中心问题"女人是什么?",[1] 就必须赋予身体和肉身化(incarnation)以核心地位。她强调,如果不承认男性和女性都是身体并拥有身体,就不可能回答这样的问题。性别差异的一个重要方面就是,女性与男性不同,她们无法避开她们的身体以及她们身体的社会意义。[2] 为了清楚地看到这一点,我们可以将波伏瓦与笛卡尔进行比较,并把《第二性》导言中的哲学思想看作波伏瓦对笛卡尔在《第一哲学沉思集》(*Méditations métaphysiques*)中阐述的哲学思想的女性或女性主义再应用。在第二个沉思中,笛卡尔思考他是什么样的存在;他根据显而易见的现实和他头脑中清晰明确的想法,陈述了一个不言自明的事实:他是一个人,也就是一个人类。由此,笛卡尔进行了如下推理:既然他可以怀疑他身体的存在,却不能怀疑自己的存在,那么身体就不能成为一个人存在的基本要素。波伏瓦在《第二性》的开篇也点明了她写作这本书的自身原因；然而，她表示，如果有人要求她定义自己，那么她首先想到的回答，也就是她认为"应该"最先给出的答案，就是"我是一个女人"。[3] 这是因为，与笛卡尔不同，她既不能怀疑自己身体的存在，也无法摆脱她的身体。成为女人，就意味着无法逃脱自己是一个身体的事实。

波伏瓦并不满足于简单地反对笛卡尔的肉体和心灵之间存在本质差别（二元论）的观点，因为如果只是说心灵与肉体是不可分的，那么女性身体就不存在特殊性，而男性和女性一样，也就无法怀疑他们身体的存在。波伏瓦同意梅洛-庞蒂等非二元论哲学家的观点，即女性和男性都不是二元体，他们都是身体并拥有身体。但是，她认为，只有女性的身份是由她们的身体确定的，她们甚至不能像笛卡尔那样声称自己不是身体。在梅洛-庞蒂看来，人不能逃避他的身体，因为身体是我们对世界的把握；但这不是社会强加给个人的预先存在的规范，身体是人在世界上存在的条件，而不是一种既定的命运。波伏瓦认为，女性身体的特殊性在于，它在成为一个经验身体*（corps vécu）之前就已是一个社会身体（corps social），因此它更像是一种命运。

对于解开女性顺从之谜，也就是说，对于理解女性是如

---

* 也译为活的身体或血肉之躯。

何被构建为他者以及她们为何没有要求被承认为主体，波伏瓦对身体的这种看法具有重要意义。女性身体的社会性建构了她们的处境和经验，顺从对她们来说成为一种命运，也就是说，顺从既是事先被规划好的道路，又是她们应该要做的事。这种社会身体凌驾于经验身体之上的观点——即女性的身体首先是在他人面前呈现的身体，然后才是个体亲身体验的身体——也体现了波伏瓦对萨特个人主义思想的挑战。萨特认为，如果一个人表现得好像他是一个受周身世界驱动的物品，好像他是受世界支配的，那么他就陷入了自欺，因为事实上他完全可以自由地作出自己的选择和计划。相反，波伏瓦提出一种身体哲学，她认为女性身体的社会性建构了她们的处境和经验，因此女性注定要顺从。为了阐明这一点，波伏瓦采用了现象学方法，从而论证了女性的客体化是她们顺从的根源。

生物身体是社会性的

波伏瓦在《第二性》中首先通过雄性和雌性之间，尤其是男性和女性之间的生理差异，对生理的身体进行研究。尽管她使用的许多数据和理论都已过时，但她的论据在本质上是恰当的。她的论证是这样的：雄性和雌性之间存在生理差异,这些差异使得雌性比雄性更为弱小;因此,雌性"依附于物种"[4],而雄性更有可能获得独立。

女性因其身体而被异化

在生理层面,女性已经处于依附地位,但这并不是对男性的顺从——女性的生理身体使她们依附于物种。男性和女性都有一个生理身体;从这个意义上来说,男女之间不存在权力关系,他们只是有不同的生理特征而已。然而,在女性身上存在一种特殊的依附形式,即"女性对物种的屈服"[5]。男性可以成为纯粹的个体,因为物种的延续不要求男性违背他们作为个体的需求,[6] 而女性则需要在物种延续过程中否认自己的个体性。波伏瓦认为,女性身体的某些部位对个体而言毫无意义(如乳腺);女性在生命中的某些时刻是在背离自身为物种劳动,而女性"无法逃避物种的制约,因为它在使个体生命屈服的同时,也维持个体生命"。[7] 波伏瓦写道,"对女性来说,怀孕是累人的事,对个人没有好处,相反还要求她作出沉重的牺牲"。[8] 虽然波伏瓦的许多女性读者指责她忽视了怀孕和哺乳的好处和乐趣,但是她的论点仍然是站得住脚的:无论如何,这些经历都来源于个体性和生育之间的冲突。

这种对物种的屈服也被波伏瓦称为"依附"[9]或"奴役"[10]，它仅仅代表男女之间的一种简单的差异，并不能解释女性对男性的顺从。然而，波伏瓦认为，女性的生理身体造成了内部的分裂和冲突——月经、怀孕和哺乳被认为代表着一种"物种-个体的冲突"，[11]女性的个体性被她们的身体本身所否认。因此，"女人像男人一样，是她的身体，但她的身体是不同于她的东西"。[12]女性的身体是物种延续的场所，而这种延续是以牺牲个体为代价的。女性被肉身化，一个脱离肉身并凌驾于身体之上的主体模式是不切实际的。

生理身体的社会性

基于这样的论点，一些女性评论家[13]错误地认为波伏瓦是在为生物决定论辩护。事实上，波伏瓦在第一部第一章的结尾指出，这些生理差异本身并没有重要的意义，只有当它们在社会中被界定为是重要的时，它们才具有重要性：

> 一个社会毕竟不是一个物种，物种在社会中是作为存在实现自己的；物种的自我超越是朝向世界和朝向未来的，其风俗习惯不是从生物学得出来的；个体从来不受他们的天性摆布，而是服从于习惯这第二天性，反映

其本体态度的愿望和恐惧反映在习惯中。主体不是作为身体,而是作为受禁忌和法律制约的身体,才意识到自身,自我完善,正是以某些价值的名义,主体受到重视。再一次,生理学并不能建立价值,更确切地说,生物学论据所具有的价值是存在者赋予它的。如果女人引起的尊敬或恐惧禁止人们对她使用暴力,男性的力量优势就不是权力的源泉。[14]

的确,人们总是直觉上倾向于把问题引向错误的方向,把女性身体上的弱点视作其社会地位低下的自然原因。事实上,生理身体本身并不具有任何意义,但它是社会意义的载体。如果说女性在体力方面确实不如男性,那么这种劣势只有在社会赋予其价值时才有意义(如果一个社会不重视体力,那么男女之间的这种差异就无关紧要)。

总之,女性生理身体的重要性体现在两个层面上。一方面,它是女性体验身体的生理基础;另一方面,它被社会规范赋予了意义:

> 我们要根据本体论的、经济的、社会的和心理的观点,来阐明生物学的论述。女人对物种的屈服、她的个人能力的局限,是极其重要的事实;女人的身体是她在

世界上的处境的基本因素之一。但并非只此一点就足以界定女人；这个因素只有通过行动和在一个社会内部被意识承担起来，才具有体验过的实在；生物学不足以为我们关注的问题提供答案：为什么女人是他者？我们要知道的是，在女人身上，在历史的过程中，自然怎样被攫取了；要知道的是，人类把女性变成了什么。[15]

因此，要理解女人是什么，我们就不能忽视身体哲学，也不能把女性的生理身体置之度外。但是，我们也不应错误地认为生理身体可以决定女性命运，它只是命运的**载体**——这种命运由社会构建，然后被身体吸收。在《第二性》的结语中，波伏瓦做了一个假想实验，她指出，如果对小女孩进行无性别教育，那么她们生理身体的意义和经验将完全被改变；与她在《童年》和《少女》两章中描述的厌恶和痛苦相反的是，少女将平静地度过她的青春期。[16] 因此，我们看到，女性的生理身体无法通过描述其现实性被充分理解，它首先是一个经验身体。

一个可以被客体化的经验身体：
男性和女性的共同点

波伏瓦驳斥了生物学因素决定女性劣势地位的观点，但她也不否认身体在女性社会地位形成过程中发挥的重要作用。为了强调这一点,她继承现象学哲学思想,对生理身体和经验身体进行现象学区分。胡塞尔认为,现象学应该把身体当作真实经历的体验来描述和分析。波伏瓦的友人梅洛-庞蒂指出,研究身体,就是要分析我们的身体对我们来说意味着什么,以及我们是如何体验身体的;在他看来,现象学的核心要义是要回到科学认识以前的意识生活。[17] 因此,为了理解身体是什么,必须回到"身体本身",也就是我们在开始有关于身体的理论知识之前实际体验和经历的身体。笛卡尔的二元论以及以这种二元论为根基的主客二元对立会妨碍我们对真实身体体验的思考,而真实的身体体验应是一种自我与世界交融的经验。身体不是我们拥有的东西,而是我们与世界联通的一般媒介。

经验身体

波伏瓦表示:"在我采取的观点——海德格尔、萨特、梅洛-庞蒂的观点——中,如果身体不是一件**东西**,它就是一种处境:它是我们对世界的掌握和我们计划的草图。"[18] 她明确地表达了对梅洛-庞蒂经验身体观点的认同:"并非学者们描绘的客体化的身体,而是主体体验过的经验身体才是具体存在的。"[19] 她拒绝把身体看作一件东西。女性和男性一样，是通过她们体验自己身体的方式来自我定位的；对个体而言，世界向来是已被赋予了意义的，而身体是体验这一事实的途径之一，因为它是个体了解世界的媒介。

由于经验身体是生理身体的主观体验，所以它是因人而异的，我们甚至可以说，不同个体的经验身体是无法相互比较的。经验身体是关于作为一个身体的体验，而不仅仅是**拥有**一个身体。然而，"因为身体是我们掌握世界的工具",[20]所以身体的生理差异导致不同个体拥有不同的实际体验身体的方式和感知世界的方式，因此，女性身体对物种的屈服也影响了女性的经验身体和她们对世界的看法。波伏瓦对更年期带来的变化的描述清晰地体现了这一点：

> 于是女人从女性身体的束缚中解放出来；她和阉奴不同，因为她的生命力没有受到影响。然而，她不再受到那些将她吞噬的力量的折磨，她同自身相一致。[21]

通过对比，这条论据强调了月经、怀孕和哺乳给女性造成的异化,[22] 她们对自己身体的体验是一种作为陌生的他人的体验。月经带给女性的感受是，她的身体里发生了一些不属于她的、她无法控制的事情。女性感到怀孕"既像一种丰盈，又像一种伤害；胎儿是她身体的一部分，又是剥削她的一种寄生物；她拥有它又被它所拥有"。[23] 她还知道——尽管今天这种风险比波伏瓦所处的时代要小得多——这种怀孕的异化可能会在分娩时达到顶点，造成她或孩子的死亡。另外，哺乳也是一种"累人的奴役"，它让女性的身体被孩子所支配。

这种异化会造成不同的后果。首先，在女性与她的身体之间出现了一种分裂，她无法把她的身体完全视作自己的："女人感到自己的身体像异化的不透明物体一样……它受到顽固的外来生命的折磨。"[24] 其次，这种异化使女性的生命变得充满矛盾；她是一个主体，因此她既是她的身体又**拥有**她的身体；但同时她又不是她的身体，因为这个身体在她看来是与她自身相悖的。

波伏瓦并没有说明是女性模棱两可的身体体验导致了她们的顺从。然而，从某种意义上说，这种体验让她们有了准备，或者说，是女性自视为受外力驱动的被动存在——即异化的存在——的根源。为了更加清晰地看到这一点，我们可以对波伏瓦在《生物学论据》的最后几页以及在第二卷讨论青春期时（波伏瓦认为青春期是女性顺从的起点）使用的词汇进行分析。在这两种情况下，女性将自己视为一个"猎物"[25]；她体验自己的"异化"[26]，她是"被动的"[27]。通过使用与奴役有关的词汇（"奴役""奴隶""屈服""顺从"），波伏瓦强调了生理身体和青春期——亦即经验身体——的异化体验的相似性。然而，正是这种异化和客体化的共存才真正导致了顺从。

客体化的身体

波伏瓦利用了梅洛-庞蒂对客体化的身体和经验身体的区分，她也借鉴了萨特关于他人如何将"我的"身体转变为客体的思考，从而对女性身体进行了创新性的分析。梅洛-庞蒂反对主体和客体的对立，并将他的身体哲学建立在这种反对立场之上；而萨特认为，身体是客体化的典型场所。

在《存在与虚无》中，身体的哲学与他性的概念有着密不可分的联系。萨特借鉴黑格尔的观点，将个体间关系视作一种"意识的冲突"。每个个体首先是孤立的——萨特将其称作面对自我在场的"自为的存在"（être-pour-soi），并伴随着一种必须超越的人为性。随后，个体体验到他人的存在；萨特直接把这种体验描述成消极的，并把羞耻作为其表现。[28] 他这样描述他人的显现：

> 它是不同于我的东西，因此它表现为非本质的、具

有否定性的对象。但是这个别人也是自我意识。他原封不动地对我显现为一个沉浸在生命存在中的平凡对象。而同样,我也是这样对别人显现为具体的、可感的、直接的存在。[29]

萨特提出了一种对承认斗争的个体和现象学解释。他人首先作为"眼睛"[30]对我显现,这是一种看到我并把我的存在变成"被凝视的存在"(être-regardé)的凝视。因此,他人最初并不是作为一个对象被感知,而是作为一种使我变成对象的凝视;[31]他揭露了我的"为他的存在"(être-pour-autrui)。

因此,他人的凝视使我把我的身体看作"为他的身体"(corps-pour-autrui),也就是一个对象,而我也把他人的身体看作对象。与他人的关系使我把我的"为我的身体"(corps-pour-moi)和我的"为他的身体"区分开来:我对我的身体的最初体验是关于"为我的身体"的体验,即作为意识的身体的体验;而我与他人的关系把我的身体转变成"为他的身体"。因此,在萨特看来,关键在于,身体并不因为它是什么——亦即因为它对我的"为我的存在"(être-pour-moi)至关重要这一事实——而显现;只有在与他人面对面时,身体才对主体显现,它才成为思考的场所:"他人为我所是的对象和我为他所是的对象都表现**为身体**。那么我的身体是什么？他人的身体又是什么呢？"[32] 只有从他人的经验中，我才开始思考我的身体，我的身体才作为"我的身体"对我显现[33]。

通过与他人的相遇，身体被分裂为两种截然不同的经验：我的身体或者是"自为的身体"（corps-pour-soi）——我自己体会到的我的身体，又或者是"为他的身体"——一个对象[34]。萨特对我体验自己身体的方式和他人身体对我显现的方式不感兴趣。事实上，他人不是作为一个身体，而是作为一种凝视或一种简单的在场（如树枝的移动或走廊里的脚步声）显现的，它使我变成"被凝视的存在"，也让我意识到我的身体如何变成一个"为他的身体"。

"自为的身体"就是我所是，它与我在世界中的存在密不可分，因此，我不是拥有它，我就是它；它对我来说不是一个对象[35]，它显示了我的人为性。[36] 我与我的身体的这种直接关系被我与他人的相遇所否定，他人使我明白，我的身体对他来说是外来的东西，是一个对象。"为他的身体"是被他人客体化的我的身体，因此是被异化了的我的身体："'为他的身体'就是'为我们的身体'，但它是不能把握的和被异化了的"，[37] 它是让我胆怯的身体，是我感到羞耻的身体。萨特认为，这两个身体无法互相调和，他反对统一的身体观念,即"为我们的身体"*和"为他的身体"可以被体验为唯一一个实在的观点。

"为他的身体"是主体无法忍受的异化体验——他人通过凝视使我客体化,并占有了我。这种客体化的异化使得我与他人的冲突不可避免:

> 一切对我有价值的都对他人有价值。然而我努力把我从他人的支配中解放出来,反过来力图控制他人,而他人也同时力图控制我。这里关键完全不在于与自在对象的那些单方面的关系,而是互相的和运动的关系。相应的描述因此应该以"冲突"为背景被考察。冲突是"为他的存在"的原始意义。[38]

与他人的冲突关系是萨特身体哲学的核心。与他人的关系是一种客体化的异化关系,我必然要与他人斗争,以对抗他人给我带来的异化,从而维持我作为主体的地位。

女性的异化:被客体化的经验身体

波伏瓦将客体化置于身体哲学的核心地位,因此,她区

---

* 原文是 corps-pour-nous,但根据上下文疑为"为我的身体"(corps-pour-moi)。

分了两种女性特有的身体体验。一方面，女性身体在整个社会层面上被客体化，这种客体化先于女性对自己身体的体验而存在；另一方面，这种结构性的客体化决定了女性会对自己的身体有什么样的体验，以至于只有女性体验到的经验身体是被客体化的。

女性的客体化是社会性的

波伏瓦写作《第二性》第一卷的目标之一是为了揭示男性通过把女性变为客体来不断巩固自己的主体地位。克洛德·列维-斯特劳斯*（Claude Lévi-Strauss）指出，女性在婚姻和亲属关系中被当作交换的对象。而在神话和文学里，女性则变成性欲的对象。在有关神话的章节中，波伏瓦指出，神话对女性的不断客体化就是对女性身体的不断客体化：女性身体有时被视为猎物，有时被视为厌恶之源，有时又被视为财产。在任何情况下，正是通过客体化女性身体，男性才树立了自己作为主体、英雄和战士的形象。

在萨特描述的个体间关系中，参与意识冲突[39]的两个个体既是主体（自为的存在）又是客体（为他的存在）；然而，性别不平等的社会结构让男性得以通过将女性定义为客

---

* 法国作家、哲学家、人类学家。

体而将自己定义为永恒不变的主体。因此，女性不再既是主体又是客体，她们首先是为男性而存在的"为他的存在"。做一个女人，不仅仅是拥有一个女人的身体并生活在这个身体里，而且还意味着拥有一个已被客体化了的社会身体。男性和女性的身体都可能在人际关系中被客体化，但这种客体化最初应是偶然的；然而，性别不平等的社会结构赋予了男性一种权力，以至于这种偶然的客体化变成了结构性的、必然的客体化：男性首先是主体，他们同时也可以通过他人的凝视让自己成为客体，而女性则首先是客体。因此，甚至在女性能够体验自己的/经验身体之前，她们的身体就已经被客体化了。

仅仅是女性在她们的经验身体里被异化这一事实，并不足以将她们构建为他者；是男性的凝视将女性禁锢在一种她们无法逃脱的他性中。

在萨特描述的个体间关系中，别人是一个相对于"我"这个主体而存在的他人。这种他性的相对性不断地在日常生活中显现出来。"我"清楚地知道，他人把自己视作主体，把"我"视作他人。通过交流往来，这种他性的相对性在社会群体层面被进一步凸现出来：当我在国外时，我对他们来说是一个外国人，因此我被转变为一个对象/客体，就像外国人在我的国家被客体化一样。然而，无论是在个体层面还是在社会层面，女性都被男性构建为他者，也就是绝对他性。女性客体化的特殊性是显而易见的：说一个女人是他者，就是强调她没有被包括在相对他性之中，她的他性是绝对的，她被排除在任何相互性之外。通过夏娃的例子，波伏瓦指出，女性被视作"按照非本质的方式"存在的"一个普通的偶然事件"，是"自然而然顺从的一种意识"。[40] 这种非本质的、不具威胁性的地位是由女性的双重天性决定的：

> 她是外在于男人的自然和与之过于相像的同类之间的理想媒介。她既不以大自然敌对的沉默去对抗他，也不以互相承认的苛求去对抗他；她通过独一无二的特权，成为一种意识，然而，似乎可以在她的肉体中占有这个意识。[41]

男性利用他们的社会特权把女性变为他者，也就是说，把女性当作一种矛盾的存在来对待：一方面，女性能有意识地把男性认作主体，而另一方面，她们又因其身体而被当作一件物品。因此，波伏瓦认为，男性统治意味着强加给女性一种命运，让她们的身体成为一个客体、一具纯粹的肉体。面对这样的命运，顺从显然成了一种合乎逻辑的选择。

身体在被体验之前就已是客体

女性身体的客体化已渗透在社会结构中，因此，它先于女性对自己身体的体验而存在。从这个意义上说，我们有必要进行一种新的区分：正如每个人的生理身体有别于他的经验身体，女性有一个被客体化了的身体，她对这个身体的体验又使她拥有了一个被客体化的经验身体。

这一点与"为他的身体"完全不同。女性身体的客体化并不是从个体间关系开始的，而是先于此而存在。波伏瓦在第二卷开头分析青春期时明确提出了这一观点。她认为，青春期开始时，少女的身体变为"肉体"。[42]这种变化显然是生理上的，但波伏瓦在第二卷第一章（《童年》）末尾对其进行的详细描绘表明，青春期是从实际身体到另一个身体的过渡，这种过渡是在小女孩意识到自己的身体被客体化时发生的："乳房展现在羊毛套衫、罩衫下面，小姑娘与自我混同的这部分身体，显现为肉体；这是他人凝视和观看的对象。"[43]因此，成为肉体并不是通过生理身体的变化实现的。

波伏瓦描述了一种广泛存在的青春期经历：对少女来说，她因意识到自己成为被凝视的对象而体会到一种可怕的震惊感，在这个过程中，她成为肉体。波伏瓦引用了一位女士的话，她在讲述自己13岁时第一次在街上被人评论身体的经历时说："我永远忘不了**别人打量我时自己突然感到的震惊**。"[44] 从青春期开始，女性将体验到一个在成为"为我的身体"之前就已被客体化了的身体。不论是在公共场合、在街上，还是在家庭生活中，少女将突然意识到，男性的凝视把她的身体性欲化了。以前的她从来没有引起任何特别的注意，而从现在起，她将受到别人的凝视和观看，成为别人渴望的对象。她必须明白，随着青春期的到来，她的身体已经不再属于她，不再是她自己的身体，而是变成了一个女人的身体，也就是说，成为男性凝视下的一个欲望对象。由此，波伏瓦现象学的亮点在于，她成功地揭示了一种普遍存在的女性经验，一些关于街头骚扰及其对年轻女孩的影响的社会学研究至今仍然把《第二性》视作对他们所研究的现象的最佳总结。[45] 即使在今天，青春期对女孩来说仍然是一种从身体到肉体的过渡；通过这种过渡，女孩意识到她的身体已不是**她的**身体，它使她作为猎物呈现在这个世界上。

这种过渡体现了女性经验特有的先在性（antériorité）。在少女完全成为一个女人并开始体验她的女性身体之前，这个身体就已具有作为性欲对象的社会意义。她的"自为的身体"首先是一个"为他的身体"，一个预示着她将会被性占有的身体。与萨特描述的情形——一个人首先自知是主体,然后才发现自己是他人的客体——不同,街头的骚扰以及各种充满性暗示的评论使得少女在能够充分体验这个新的身体之前就不得不意识到自己是一个客体。这就是为什么许多年轻女孩在青春期到来时会产生尴尬和厌恶的情绪,她们拒绝接受这个会为她们招致莫名其妙的目光的新身体。通过这种青春期的异化体验,波伏瓦揭示了第二卷的中心论点之一:理解女人是什么,就是要理解女性是如何以第一人称——即以主体身份——体验她已被男性凝视构建为客体的身体的。

从客体化的身体到被动的猎物

通过简要概括波伏瓦对女性身体的分析,我们可以认识到,女性的身体有四个维度:它是生理身体,是经验身体,是突然被客体化的身体,也是已被结构性客体化的经验身体。这四个维度的存在——而不是梅洛-庞蒂和萨特观点中的两个维度——是社会秩序造成的结果:男性在社会上的优越地位让他们得以将女性构建为客体,从而让女性身体被客体化,在它们成为"自为的身体"之前就变成"为他的身体"。这种对女性身体的现象学分析本身就富有启发性，也正是因为如此，波伏瓦才得以解释女性顺从是如何产生的。

波伏瓦指出，男性对女性身体的客体化迫使女性顺应外界的期待并服从这种他者地位。我们已经看到，少女对自己身体转变的体验已经让她感受到了与自己身体的疏离，她觉得这个身体似乎不再是自己的；而男性对少女的身体评头论足，他们的凝视使这种疏离感变得更加强烈。因此，男性使少女的身体变成一个为他而存在的身体，而不再是一个为她的身体。波伏瓦详细描述了身体的体验造成的痛苦，或者更确切地说，是肉体的体验，这个肉体已经被构建为欲望的对象。这种痛苦导致少女失去了对自己身体的控制，也就是说，失去了对她在这个世界上的存在手段的控制：

人们迫使少女不得不说谎，她必须装作是客体，而且是一个有魅力的客体，然而她又感到自己是不确定的、支离破碎的存在，她了解自己的缺陷。化妆品、假发、束腰的紧身带、"起支撑作用"的胸罩，都是谎言；甚至是面孔本身也戴上了假面具，巧妙地使之产生自然的表情，模仿美妙的被动性；没有什么比在女性职责的实施中突然发现一副熟悉的面孔更令人惊异的了；否定超越性，却模仿内在性；目光不再感知，而是在映照；身体不再活跃，而是在等待；所有的举止和微笑都成了召唤;少女解除了武装,任人摆布,只是一朵被奉献的鲜花,一颗待摘下的果子。是男人鼓励她成为这些诱惑,也期待被诱惑,然后,他却又生气和指责。但他对朴实的女孩只有冷漠,甚至敌意。他只受到给他布下陷阱的少女的诱惑;她献身,但她又窥伺猎物;她把被动性用作诱饵,以柔克刚;既然不允许她直率地进攻,就只好施展手段和算计;她孜孜以求的是让自己显得像是被白白地奉献的;因此,人们责备她背信弃义,的确如此。诚然,由于男人要求统治,她便不得不向他献上顺从的神话。[46]

在这种情况下,少女把她是肉体的事实看作无法逃脱的命运。事实上,她不断地被告知,只要她不反抗自己作为猎物的角色,她会得到什么样的好处。因此,一方面,她有选择这种诱人的被动性的自由,而另一方面,这种选择严格来说不能被视为道德上的过失,因为她对自己被客体化了的身体的体验迫使她相信,自己除了成为他者之外别无选择。

女性生理身体在被男性客体化的情况下发生异化,女性因此把自己视作注定要被动和顺从的肉体。对她们来说,顺从似乎是预期的、被规定的行为。更为重要的是,这种顺从深刻体现在女性的身体中,因此,它与女性所代表的情欲是密不可分的;尽管卢梭对此感到不快——他在谴责顺从时似乎忘记了他被华伦夫人*打屁股时获得的快乐,顺从并不总是代表对自由的放弃,它有时也是通往无限快乐的道路。

---

* 原文如此,但相关资料显示应该是朗拜尔西埃小姐。

它是被选择的,它又不是被选择的;
它是对男性的屈从,它又代表一种对男性的权力;
它是快感的源泉,又注定要失败。

8 快乐还是压迫：顺从的模糊性

《第二性》第二卷可以被看作对女性顺从的所有形式以及这种顺从对女性的巨大诱惑力的细致描绘。波伏瓦提出的最重要也是最充满禁忌的一点是，对女性来说，顺从中存在某种令人愉悦的东西。这并不意味着女性天生就注定要顺从；波伏瓦认为，恰恰相反，顺从的快乐是由女性的特殊处境造成的。这也不意味着顺从总是令人愉悦的，或者说从顺从中获得的快乐超越了它所带来的痛苦。波伏瓦揭示的真相尽管看起来有些荒谬，却是不容置辩的：顺从也有它的优势。波伏瓦用大量的细节描绘少女自视为性猎物时获得的"被动快乐"[1]，已婚女性主宰着自己的家庭小天地时感受到的乐趣，以及母亲在孩子身上抛弃自我时感到的快乐。

美

通过凸显这种快乐，波伏瓦揭示了顺从的模糊性：与该词的负面含义所暗示的相反，顺从既有消极的方面又有积极的方面。它是被选择的，它又不是被选择的；它是对男性的屈从，它又代表一种对男性的权力；它是快感的源泉，又注定要失败。女性与美的关系中体现出来的顺从就能很好地说明这种模棱两可。正如波伏瓦所指出的，美对男性和女性的意义是不同的："奴役女性的时尚的目的不在于把女性显现为一个自主的个体,而是相反,在于把她与超越性分割开来,以便把她当作猎物献给男性欲望。"[2] 然而,女性并没有把这种"成为性对象的命运"[3] 视作一种罪恶,相反,她们乐于把自己变成肉欲猎物,乐于抚摸裹在自己身上的天鹅绒和丝绸,也乐于将自己摆在那里,以勾起男人的欲望。女性同意让自己成为猎物,从而掌握了一种对男性的色欲权。但是,这种从顺从中获得的乐趣也有其弊端:事实上,女性的梳妆打扮也说明,男性把女性的美当作他们权力的象征。波伏瓦以其特有的犀利笔触,描述了这种妻子被当作战利品的现象:

> 盛会在这里就像是一个交换礼物的节日,每个人都把这个作为自己财产的身体,当作礼物展示给其他所有人看。女人穿着晚礼服,打扮成使所有男性愉悦并使她的所有者骄傲的女人。[4]

从特洛伊战争的海伦到《欲望都市》的模特,同样的现象不断重演:男性利用女性的美貌来显示他们的权力。女性接受的教育迫使她们成为这场竞争中的一部分,却全然不知这样的竞争将引向何种绝境:她们努力让自己成为男性欲望的对象,而她们的主体性也因此消亡了。她们以此为乐,而当她们以为能够自我确立时,她们实际上在自我否认。

更广泛地说,当女性试图凭借自己的外貌来让自己更出众时,她们就陷入了一种无尽的从属性中,因为她们需要外部的凝视来定义她们、衡量她们的价值和身份。

波伏瓦也对那些建构顺从的女性幻想进行了探讨,而她的看法在韦恩斯坦性侵事件发生后的今天仍然具有现实意义。她在评论我们今天所说的女性在体育锻炼中获得赋权增能(empowerment)的感受时写道:

> 今日尤甚从前,女人体验到了通过运动、体操、沐浴、按摩、控制饮食去塑造身体的快乐……在体育中,她确立自己为主体;对她来说,这里有一种对偶然肉体的解放;但是这种解放很容易返回从属性。好莱坞女明星战胜了自然,但在制片人手中,她又重新变成了被动的客体。[5]

女性通过把自己变成被动的和诱人的客体来收获快乐,其结果是,女性-客体需要依赖男性和他们的凝视才能存在。然而,当女性成功地进行引诱之后,男性凝视将不再把她看作主体,而是看成一个即将被吞噬的客体和猎物。

爱情-牺牲

把自己变成被动的情欲对象是女性顺从的一种方式。另一种方式——也许是最难避免的——是恋爱的女性感受到的奉献甚至牺牲的诱惑。这种诱惑是波伏瓦最关心的问题,因为她在与萨特交往的早期就经历过这种诱惑,她也在回忆录中带着恐惧提到了这一点。她在谈到她被任命为马赛的一名教授并不得不离开萨特时写道:"我希望这次远行能加强我对两年来一直面临的诱惑——牺牲的诱惑——的抵抗力。我将终生保存对这段时光的不安记忆,在这两年里,我一直担心我会背叛我的青春。"[6] 更广泛地说,整部回忆录所讲述的波伏瓦尽管没有完全牺牲——她成了作家并拥有自己的生活,但她却一直认为自己是低萨特一等的。从他们最初的交谈——比如在卢森堡公园的美第奇喷泉前的那次交谈——开始,波伏瓦就选择顺从于萨特的这种显而易见的优越性:

> 这是我有生以来第一次感到自己在才智上被别人压倒……我不得不承认我的失败;此外,我在谈话过程中发现,我的许多观点都是建立在偏见、自欺或武断之上的,我的论证是站不住脚的,我的想法是混乱的。[7]

即使波伏瓦在完成《第二性》九年后才写下《端方淑女》，她依然不认为她的挫败感是由萨特的傲慢自大造成的；即使波伏瓦在前几页叙述，萨特在得知她通过了他在一年前没有通过的教师资格考试初试后对她说："从现在起，我会把你掌握在我的手中"，[8] 她依然把她的失败看作一个无可辩驳的劣势地位的标志。尽管萨特和波伏瓦之间的影响实际上是相互的，但波伏瓦在整部回忆录中始终把自己置于次等地位——萨特是真正的哲学家和创造者，而她自己则是写作者和评论者。在《岁月的力量》中，波伏瓦明确提到，她选择文学而非哲学是因为她感到自己低萨特一等。[9] 此外，目前关于波伏瓦和萨特之间相互影响的研究表明，波伏瓦在她的回忆录中抹去了所有与她的哲学成果以及她对萨特产生的影响相关的痕迹，仿佛是为了不惜一切代价维护萨特比她优秀的神话。[10]

《第二性》

在她的作品中，波伏瓦通过各种各样的观点和方法，描绘了女性在恋爱中受到的牺牲诱惑。在《第二性》中，她用大量篇幅来论述爱情在女性身上是如何变成一种舍己为人的牺牲的。她分析的出发点是："'爱情'这个词对男女两性有完全不同的意义,这是使他们分裂的严重误会的一个根源。"[11] 男性与爱情的关系是一种征服的关系,爱情并不定义他们的存在;因此,即使他们疯狂地爱上了某个人,他们的痛苦也只会持续一段时间,他们的身份并不会受到威胁。相反,对女性来说,爱情更像是一种对自我的放弃,女性之爱的含义就是"全身心忘我地扑在别人给她指定的、作为绝对与本质的人的身上"。[12] 对于男女之间的这一区别,波伏瓦依旧主张采取一种历史化的观点:爱情中不存在永恒不变的天性,就像女性气质中不存在永恒不变的天性一样。爱情是在特定的历史、经济和社会环境下产生的一种情感,因此,一个社会中人们解读性别差异的方式必然会反映在两性对爱情的不同理解上。

对女性来说,爱情是一种更深层次的顺从:恋爱的女人常常试图在她所爱的男人身上淡化自我,丧失自己的身份。她把这个男人视作一个神,并以服务于这个神为乐,在自我放弃的过程中获得一种自我意识。波伏瓦引用朱丽叶·德鲁埃*(Juliette Drouet)、柯莱特**(Colette)、德·阿古夫人***(Mme d'Agoult)、维奥莱特·勒杜克****(Violette Leduc)等女性

---

* 法国女戏剧演员,后成为雨果的情妇。
** 法国女作家。
*** 19世纪法国女作家,李斯特的公开伴侣,和他有三个孩子。
**** 20世纪法国女作家。

的文字,根据海伦妮·多伊奇*(Hélène Deutsch)的分析和她自己的观察,为我们揭示了这种爱情-顺从,它的自发的愿望是明确的:"一切都为了他。"[13]

波伏瓦不仅描述了这种牺牲的主要特征,还指出了它将引向的绝境和谎言。恋爱中的顺从女人不是她所爱的男人的受害者。首先,唤起这种爱情的并不是某个男人,也不是两性的天性,而是女性面临的处境。正是因为女性"被封闭在相对性的范围里,从小就注定属于男性,习惯把他看作她不被允许与之平起平坐的君主",[14]她们才把爱情看作顺从。

其次,这种顺从本身就预示着一种失败,因为它与意中人真实的品质其实并不相干——"他无法证明崇拜他的女人为他所做的奉献是理所当然的"。[15]为了证明她的牺牲是值得的,女人用近乎神圣的品质来装点她心爱的男人。若意中人要证明这种牺牲是值得的,所需的品质与他的实际品质之间存在差距,这体现了顺从的模糊性:因为没有任何一个人能比得上神,所以为爱情而顺从于男人的女人都注定要失望。为什么要为一个根本不配得到这一切的人放弃一切呢?

从这个问题出发,波伏瓦揭示了顺从是如何反转为权力和统治的:当女人在男人身上找不到她希望获得的存在的理由时,当男人似乎对她自认为做出的牺牲没有表现出足够的

---

* 美籍波兰裔的著名精神分析学家和教育家,女性精神分析的先驱。

感激时,"她的慷慨会马上变成苛求"。[16] 这就是爱情中的顺从必然导向的绝境:"她满心欢喜地为他服务,而他必须心怀感激地承认这种服务;根据奉献的一般辩证法,付出变成了要求。"[17] 通过使自己成为奴隶,女人获得了对男人的一种权力,她认为她做出的牺牲必须得到男人的回报。出于爱,她把自己变成奴隶,同时也将男人拴住了。

波伏瓦——描写顺从之爱的小说家

波伏瓦具体分析了这种爱情中的顺从,此外,她也在整个写作生涯中不断丰富第一人称叙述的观点和类型,从而对这种现象进行了更加深入的描绘。在1954年出版的长篇小说《名士风流》(Les Mandarins)中,波伏瓦塑造了一个名叫波尔(Paule)的人物形象,她全身心扑在她挚爱的男人亨利(Henri)身上,几乎要使他窒息。与另一个拒绝"当全职太太"[18]的女性人物安娜(Anne)不同,波尔为亨利奉献一切。当亨利想和另一个女人一起外出采访时,她不同意,她威胁他,想要用她的牺牲来阻止他离开。她对亨利说,"你做的一切我都接受,一切的一切!",亨利回答她说:"如果当我做我想做的事情时,你非要自己找不痛快的话,那我就得在我的自由和你之间做出抉择。"[19] 在这里,我们可以再一次看到为爱牺牲的模糊性:把男人视作她生命的全部的女人,会从自己作出的牺牲中找到拴住男人的理由;这样一来,男人就只能摆出拒绝这种极具侵略性的爱的姿态,而女人则陷入了失去她存在的理由的恐慌之中。

波尔和亨利的关系清楚地体现了爱情对于男性和女性的不同意义。波尔自己也承认这一点,当亨利把他们的分歧归咎于对爱情本质的误解时,波尔回答说:"我知道你又要对我说些什么:爱情是我生命的全部,可你想要的爱情只是你生命中的一种东西而已。我知道,我同意。"[20] 她的牺牲已经让她依赖亨利到了无法自拔的地步。随着小说的发展,波尔对亨利的顺从越来越深,随之而来的是这种顺从必然招致的抗拒。波尔不断地作出更多的牺牲,但她同时又对顺从的悖论保持清醒的认识。她对亨利说:

> 我一直希望你成为我梦想的人,而不是成为你现在这个样子,这实际上是我把自己看得比你重,是自以为是。可现在已经不了。唯有你重要,我已经微不足道。我甘愿微不足道,甘心接受你的一切……我太自傲了,这是因为克己的道路并不好走。可我现在向你发誓:我从今以后再也不为我自己提出任何要求,以你的存在为重,你可以对我提出任何要求。[21]

波尔的例子生动地向我们表明，爱情中的顺从使女人完全处于依赖的状态；同时，奉献的一方按照显而易见的逻辑总是认为另一方必须对这种奉献作出回报，因此，这种顺从远远不止是简单的牺牲。通过顺从，女人把寻找生命意义的重任交给男人来承担，但她也为自己攫取了一种几乎与男人的权力同样大的针对他的权力——男人有义务不辜负她为他作出的巨大牺牲。

无论是通过波尔，还是通过《独白》*（La Femme rompue）中的叙述者——一个绝对顺从但依然被丈夫和女儿抛弃的女人，波伏瓦都向我们揭示了顺从的模糊性：顺从看起来是一种完全的、单方面的牺牲，但它实际上是一种奉献，它试图把另一方拴住，却注定要走向失败。恋爱中的女性把自己完全献给对方，希望在他身上找到自己存在的理由，同时也希望对方以同样的方式把自己奉献给她，然而，他们的存在都将因此而丧失意义。恋爱中的女性称，她甘愿为她所爱的男人奉献一切，她却用对他的需要拴住了他，因此，这种爱情使她注定要陷入等待或注定被抛弃。爱情并不会损害男性的主体性或限制他们的追求，而女性却注定要在爱情中成为等待奥德修斯归来的珀涅罗珀，或是在深夜被埃涅阿斯抛弃的

---

* 波伏瓦的一篇短篇小说。

狄多*——奥林匹斯众神告诫埃涅阿斯有更重要的事要做,而不是在一个女人的爱中迷失自我。

顺从中的权力

尽管波伏瓦通过处境的概念和她的身体哲学向我们表明,女性的选择受到男性统治的制约,但她不否认西方社会的女性仍然保留了一部分选择权。依据她在《模糊性的道德》中对深闺里的穆斯林女性和西方女性的对比,波伏瓦认为存在不同程度的制约,因此也存在不同程度的与男性的合谋。一些女性并没有完全被约束,但她们依然选择顺从。正如她在1947年所写的那样,"故意希望自己不自由是矛盾的,但一个人不想要自由却是可能的"。[22] 那么,问题就在于,那些原本可以选择自由的女性又为什么要甘愿顺从呢?

一种主动的被动性

这些女性不仅被男性代表的那种盲目的力量所支配,而且她们顺从于这种力量;因此,在这种看似体现了她们的被

---

* 狄多是传说中的古迦太基女王,与埃涅阿斯相爱,但埃涅阿斯要去建立未来的罗马,不得不离开迦太基,狄多心碎自杀。

动性的处境中,她们是主动的。波伏瓦写道:"**使自身成为客体,使自身成为被动,这与成为被动客体是两回事**"。[23] 顺从最初的动力之一是,它可以被看作一种态度,一种不是由外部强加,而是由自己选择的东西。例如,一个女人在出门前打扮自己,脱腋毛腿毛,穿上束腰带,捋顺头发,化上妆,让自己成为一个美丽的客体,这个客体是由她自己打造的。

在《第二性》第二卷中,波伏瓦用整整三章的篇幅来讨论她所谓的"辩解"(justifications),即自恋、爱情和神秘主义,这些都是女性通过辩解来逃避其命运的消极性的方式,是"受禁闭的女人为了把她的牢狱变成荣耀的天堂,把奴役变成崇高自由作出的最后努力——有时是可笑的,常常是动人的努力"。[24] 透过这些女性形象,波伏瓦指出,自我的湮灭中实际上存在一种权力。

如前所述,波伏瓦反对将主奴辩证法应用在男女关系上,因此,她通过另一种辩证法,即女仆和偶像的辩证法来解释女性对顺从的认同。这不是男女关系的辩证法,而是以男性凝视为媒介的女性与自身关系的辩证法。例如,这种辩证关系在已婚女性身上表现得非常明显:

> 男人不大关注自己的内心,因为他接触整个宇宙,

而且因为他可以在计划中自我确认。相反,女人禁闭在夫妇共同体中,对她来说,是要把这所监狱改变成一个王国。她对家的态度受到定义她的处境的这种辩证法的制约:她通过变成猎物来获取,她通过牺牲解放自己;她放弃了世界的同时,却想征服一个世界。[25]

这一辩证法集中体现了几个方面的问题。首先,它可以用女性的社会和经济处境来解释。波伏瓦认为,是女性被束缚在家里的事实使她们处于劣势地位。由于女性在经济上和社会上从属于男性,她们别无选择:她们必须结婚,必须使自己变成男性的猎物。波伏瓦一再强调,女性并不是心甘情愿顺从的。从羡慕爬树的男孩的小女孩到深信她的女儿不会比她更自由的母亲,女性面对这种强加给她的顺从既恼恨又不得不听天由命。由此,那种动态的辩证展现在她面前,为她提供了使自己在压迫中成为主体的可能性。女性把自己想象成家的王国里的女王,从而把她受到的压迫转变为无限的权力。

因此,顺从对女性来说变成了掌握权力的机会。波伏瓦认为,这种掌权其实是一种幻觉,因为她们把对超越性的追求转移到家庭中,而为家庭而存在的女性实际上已陷入了一种无可救药的内在性;然而,女性依然从中受益。这也是波伏瓦研究的亮点所在：我们可以认识到，女性认同顺从，但这种认同不是徒劳无果的，因为它让女性不再沉溺于强加给她的命运带来的痛苦之中。

因此，顺从是极具模糊性的：为了成为主权者，也为了获得对自我和对世界的掌控从而实现独立，顺从似乎是女性唯一可选择的策略。波伏瓦着重强调了这种模糊性，她列举了女性的一些施虐受虐行为，比如少女的自残和母亲的施虐受虐狂。她描述少女的自残行为：

> 她注定要成为被动的猎物，但她要求自由，甚至忍受痛苦和厌恶。当她用刀砍伤自己，用炭火烧伤自己时，她是在抗议破坏她处女膜的插入——她让这种插入变得无效，以表示抗议。因为她以行动来接受痛苦，所以她是受虐狂，但她尤其也是一个施虐狂——作为独立的主体，她鞭打、嘲笑、折磨这具从属于他人的肉体，这注定顺从、她憎恨却不愿摆脱的肉体。因为她无论如何都不选择本真地拒绝自己的命运。施虐受虐的嗜好其实是一种根本性的自欺——小女孩这样做，是因为她通过拒绝，接受了女人的未来；如果她当初不承认自己是肉体，她就不会仇恨地残害自己的肉体。甚至她的施暴也来自隐忍。[26]

我们可以看到女性是如何认同顺从的：小女孩的行为是一种自欺，因为她处在一个进退两难的境地——她拒绝接受她的命运，却又对这种命运充满渴望；她渴望成为猎物，却又不愿放弃她的自由。不仅如此，小女孩拒绝面对她所面临的巨大问题，即在（自我）客体化——将自己变成客体或被当作客体——中获得的快乐。

顺从的好处

波伏瓦指出，女性不完全是压迫的被动受害者，她同时也从压迫中获益。女人不是一个主体，因为她无法追求超越性——超越性只能在由其他人组成的公共世界中实现，而她不能进入这个世界；因此，她只能通过幻想一种权力来欺骗自己。然而，波伏瓦认为这并不是全部的内涵，在顺从中还存在一种积极的快乐。

首先，在与少女、性启蒙和性欲有关的章节中，波伏瓦分析了女性性欲的组成，她认为，女性性欲是由一种被客体化的欲望——即她反复提到的"被动快乐"——组成的，是由顺从-客体-被动性（soumission-objet-passivité）这样的三要素建构的。比如，波伏瓦写道：

女性性欲的发展，渗透了女人从童年起就献给男人的宗教情感。确实，小女孩在听忏悔的神甫身边，甚至在空无一人的祭坛脚下会感到一阵战栗，与她后来在情人怀里感受到的战栗非常相似，这是因为女性的爱情是这样一种形式的体验：在这种体验中，意识为了那个超越它的存在把自己变成客体，而这也是年轻的女信徒在教堂的幽暗中感受到的被动快乐……一切都促使她在梦想中投身于男人的怀抱，以便被载往光荣的天国。她懂得了，要获得幸福，必须被爱；为了被爱，必须等待爱情。[27]

女性性欲的特殊性在于，女孩梦想着被动性和被占有。这显然可以归因于教育和意识形态——人们教导小女孩要遵从那种他们强加给她的理想的女性气质规范；此外，这种欲望也与女性从客体化中获得的快乐和权力感有关：

拒绝成为他者，拒绝与男人合谋，对女人来说，就等于放弃与高等阶层联合给她们带来的一切好处。男人-君王在物质上保护女人-忠君者，前者负责保证后者的生存，所以女人在回避经济上的危险的同时，也回避自由带来的形而上学的危险，这种自由要孤立无援地创造目的。凡是个体都力图确定自身是主体，这是一种伦理上的抱负，事实上，除此之外，人身上还有逃避自由和让自己成为物的欲望，可这是一条险恶的道路，因为人被动、异化、迷失，就会成为外来意志的牺牲品，与其超越性分离了，被剥夺了一切价值。不过，这是一条容易走的路，这样就避免了本真地承担生存所带来的焦虑和紧张。这样，将女人确定为他者的男人，会发现女人扮演了同谋的角色。这样，女人并不要求成为主体，因为女人没有成为主体的具体办法，因为女人感受到与男人相连的必要联系，而不再提出相互性，还因为女人往往乐于担当他者的角色。[28]

通过拒绝成为一个主体，通过把自己变成客体，任何一个人都能逃避自由的代价。然而，就像主奴辩证法一样，男女关系中存在一个问题：在选择是否承担死亡的风险之前，至少应该把自己看作主体，并要求被承认为主体。女性的社会和经济处境确实阻碍了她们对超越性的追求，但她们的他性中也存在一种个体的、主动选择的快乐。社会条件的制约一直存在——波伏瓦是坚决反对本质论的，但它在女性的思想中沉淀，变成了一种内在的奴役。

因此，波伏瓦揭示了导致女性接受顺从的各种因素。其主要原因是政治、社会和经济方面的，且都源自男性统治；此外，它与女性从顺从中获得的快乐有关，这也是女性压迫的特殊性所在：因为女性与男性共享一种"原始共在"，所以她们的顺从得到的回报比其他受压迫群体要大得多。女性经过一种得失分析，发现顺从的快乐远远超过自由带来的风险，于是她们同意接受外界强加给她们的这种命运。

即便顺从可以成为命运，
它也并不是真正的命运。

9 自由与顺从

一旦我们通过波伏瓦了解到女性顺从具有熟悉且多样的形式之后，很容易产生这样的困惑：女人为什么要选择顺从？那些热恋中的女人、好莱坞女星、容光焕发的家庭主妇、为学者丈夫整理文稿的妻子，她们中很少有人会感到不幸或不情愿。这是否说明是她们自己选择了顺从呢？这种假设似乎并不成立，因为哪怕就这些女性而言，她们并不认为自己选择了顺从，或者说不认为自己的顺从是一种选择。要么是选择，要么是顺从，选择顺从似乎并不可能，甚至有悖常理还带有一点受虐倾向：顺从只有在别无选择的情况下才成立，就像士兵，不服从命令就得死。一方面，我们几乎出于本能地谴责顺从，而另一方面，顺从非常普通和日常。那么，该如何理解这种矛盾关系呢？特别是该如何理解这种尤为典型的女性顺从呢？这是否意味着女性或许比男性更缺乏道德感？抑或对于女人而言，顺从并不意味着不道德？

顺从是不道德的吗？

谈到顺从，人们的第一反应是排斥：顺从似乎是人们希望自己能够时刻提防的一种道德缺失。除了非常特殊的情况，如施虐者和受虐者的性爱游戏，否则没有人会声称自己是顺从的。这种强烈的反应显示了人们自发赋予顺从的负面意义,为思考顺从,尤其是女性顺从造成了障碍。它使得人们自发地拒绝在自己身上看到任何顺从行为,而只在那些受谴责的或与自己截然不同的人身上看到顺从。然而,如果我们想研究日常的顺从,就需要弄清楚这种阻碍我们思考的排斥的心理基础是什么。

将别无选择、只能顺从的战败士兵的形象与顺从的女性形象相比较,我们看到女性表现出一种选择顺从的典型形象。士兵并没有选择顺从,而女性却似乎选择了它,如果我们不假定是一种女性的天性促使她顺从的话,这种选择就让人难以理解。如果女性不是天生顺从,那她的顺从就是选择的结果。但这种选择的自由似乎与它的目标是相悖的:既然我有选择的自由,那我为什么要选择不自由呢?

哲学分析往往忽略日常行为中的顺从现象,相反,政治哲学家就民众对领导人的顺从这一现象很感兴趣。在政治义务(obligation politique)的问题框架下,这些哲学家更关心以下问题:如何解释个体对国王或法律的遵从?这种遵从是如何运作的?这种遵从是否是一种服从?如果是,它是否与主体的自由相悖?在这一问题背景下,拉·波埃西和卢梭肯定了自愿为奴的宿命:人生而自由,自由是人类最重要的天性,因此选择顺从是一种道德缺失,因为它意味着放弃了人的天性。

与此相反，波伏瓦在《第二性》中采用萨特的存在主义假设打破了这一思想僵局，指出导致女性接受顺从的并非是道德上的劣势。我们已经看到，波伏瓦采用现象学的方法来描述顺从。然而，现象学的方法不足以解释女性接受顺从的原因，更不足以阐明被波伏瓦称为"被动的快乐"。波伏瓦将一种存在主义的哲学同现象学的方法联系起来，这才让顺从这一选择得以被理解，并揭示出为何相较于一种完全意义上的选择，它更近乎一种接受。

一种存在主义视角

从导言开始，波伏瓦就表明她采用的是她所谓的"存在主义道德视角"。[1] 这一表达有其重要性：不同于一些偏见认为《第二性》只是萨特哲学的一种应用，我们在此看到波伏瓦并没有把这种存在主义道德构想为一种哲学体系、一种信条或一个理论工具箱，而是把它当作一种"视角"。

哲学家米歇尔·勒德夫指出，波伏瓦深刻改变了存在主义，以至于彻底改变了它的含义和用途。《存在与虚无》是建构在一种近乎性别歧视[2] 的男性中心主义之上的，[3] 只要个体和个体与自由的关系处于中心地位，[4] 萨特的存在主义体系就无法对压迫，或者说得更泛些，对社会进行思考。

因此照理说，用这一体系对女性受压迫进行分析和批评似乎是不可能的。然而，波伏瓦恰恰就是这么做的。《第二性》并非是萨特哲学的一种应用，而是一部采用了存在主义视角的具有独创性的哲学著作。

当波伏瓦谈到存在主义"视角"时，她参照了一种继承自索伦·克尔凯郭尔*（Soren Kierkegaard）的伦理偏见，旨在从个体及其存在出发、从个人自身的体验出发去思考人性。和寻找关于人性的抽象普遍真理的哲学倾向不同，存在主义视角是从个体出发，认为每个人的存在都有其独特之处。这种只从独特性出发去探讨普遍性、绝不忽视独特性的考量，已经是波伏瓦采用现象学方法的基石，并在她对自由这一概念的构建中起到了决定性的作用。

这种存在主义道德视角对波伏瓦产生了多重影响。第一，需要采取一种个人视角，也就是说从个体的角度出发看问题。这并不意味着波伏瓦崇尚一种方法论上的原子主义或个人主义，即个人先于社会或社会只是个人的总和。在她的规范性评价体系中，她所选择的个人视角仅仅是更重视个人利益而不是社会利益：正如她所写的，"我们评判制度，要看个人从中得到的具体机会"。[5]

---

* 19世纪上半叶丹麦宗教哲学心理学家，诗人，现代存在主义哲学的创始人，一般被视为存在主义之父。

第二,这种个人视角并不意味着只有个人的主观幸福才是重要的:

> 难道养在深闺的女子不比拥有选举权的女性更幸福?难道家庭主妇不比女工更幸福?人们不太清楚幸福一词意味着什么,更不知道它涵盖了哪些真正的价值;衡量他人的幸福完全是不可能的,但称想要强加在他人身上的处境是幸福的却很容易:特别是那些陷入停滞状态的人,人们以幸福就是安稳为借口,称他们是幸福的。[6]

波伏瓦的这一阐释对思考顺从来说至关重要:经常被用作为男女不平等辩护的论据之一,就是谈论女人的主观幸福。女人之所以服从是因为这会让她们感到幸福。事实上,顺从可以成为女人快乐的来源,《第二性》指出这一点也是它的一大贡献。但仅凭顺从可以带来快感就由此得出结论,认为顺从对女性而言是好的则是危险的。

我们可以借由一个在它之后出现的经济学阐释来理解这种区别。经济学家、哲学家阿马蒂亚·森*(Amartya Sen)指

---

* 印度经济学家,先后在印度、英国和美国任教,因在福利经济学上的贡献获得1998年诺贝尔经济学奖。

出，个体会根据他们所处的环境调整自己的偏好并评价自己的幸福。[7]尤其是处在极端贫困中的个体会根据他们的处境调整他们的欲望，并且只去渴求他们能够实现的东西。森举了印度农村贫困女性的例子，她们坚信自己的营养需求很低甚至不存在，总之要比她们的丈夫和孩子们少得多，这仅仅是因为没有足够的食物。这一信念并无客观依据，它只是表明个体根据自身情形调整自己的欲求，即使这种调整客观上对她们是有害的。有一些顺从从客观上说是对女性有害的，但它会被描述成：即使不是一种幸福的处境，但至少是完全可以忍受的。

森用这一观察结果来凸显古典经济学的一个严重缺陷，即认为福利是衡量价值的首要标准：福利经济学可能同社会正义相悖[8]。的确，这种福利经济学把福利视为主观的和完成的，即个人当下认为自己拥有的福利。但森指出，这样一种主观的评判可能会导致几乎一无所有的人看起来好像很幸福，甚至比那些实际很富足但内心不知足的人要更幸福。由此，我们可以理解顺从的负面特征和顺从者表现出的主观幸福如何能够没有矛盾地并存：男性统治可能会导致女性调整自己的偏好，使她们选择顺从，尽管这一选择在客观上对她们不利。

波伏瓦明确指出，采取以个体为中心的视角并不意味着对福利的主观理解，而意在阐明什么是存在主义观点：它是一种具体的人道主义。

第三，存在主义观点意味着对于"女人是什么？"这个问题没有抽象或客观的回答。这一问题只有通过个体经验才能找到答案。这一存在主义的断言为整部作品的结构以及第二卷中借助现象学的方法奠定了基础：从个体出发探究普遍性，意味着从男人的视角和女人的视角自问女人是什么，以及对人们所谓的女性气质各自的体会是什么。

自由需要争取

波伏瓦哲学思想中的自由概念最能体现她对存在主义的继承。当波伏瓦主张"存在主义道德视角"时，她参照的是存在主义对自由的界定。存在主义的核心论点认为人就是自由：除了自由，我们什么都不是，这也解释了为什么存在先于本质。人生在世，他行使自由的方式建构了他的本质：不存在先设的本质，每个人都用自身的自由塑造其存在。

从这种对人的本性的描述出发，存在主义得出了一些规范性的结论：应当依照这种自由生活。这意味着人应当意识到自己的自由并且自由地行动：不应当躲在任何一种决定论的背后为自己的行动辩护，而应该认识到自己是每一个行动的主体。萨特明确指出这种态度是自欺欺人,比如人会出于履行义务或责任去做某事,而非始终由自己主动选择去尽职尽责。因此,存在主义的道德不是由规定或规则制定的,而是要真正自由地去生活。正如波伏瓦在《存在主义与各民族的智慧》(*L'Existentialisme et la sagesse des nations*)一书中所写:"如果人不是性本善,他也不是性本恶;首先本性无所谓善恶;是好是坏都取决于他是接受还是放弃自己的自由。"[9]

这一规定表明自由是把双刃剑:一方面,知道自己是自由之身令人陶醉,另一方面,成为自己存在的唯一主宰也令人焦虑。风险和不确定性是自由的核心:自由并非天赐,而要自己去争取。自由不是静态的:它体现在各种计划当中,总是朝着不确定的方向前进,从这种意义上看它具有超越性。自由就是要把自己投射到世界之中。因此,自由带有风险,它需要有勇气和自信为自己确定一个计划并投入到一个不确定的世界中去,但此举成功与否并不能得到保证。

在《模糊性的道德》一书中,波伏瓦通过伦理主体谱系的现象学描述,强调了这一代价:[10]个体像孩子一样在一个价值、权力、意义已经确立的世界中诞生。因此,孩子依赖这个世界且应该适应它。随着成长,青少年学会把自己投射到这个世界,并逐渐从依赖中解脱出来。但这种自由是有代价的,因为主体在追求自由的过程中会有风险。这可能会导致他想回到孩童的状态，以顺从和依赖为代价来避免自由引发的生存焦虑。对所有个体而言，自由和生存焦虑二者是分不开的。

如何解决顺从的理论问题

自由既是每个人都能感受到的冲动，同时也是一种风险。在《第二性》中，这一概念是理解女性顺从的核心。首先，这一自由理论至关重要，并且它解决了接受顺从表面上的悖论。在卢梭看来，自愿顺从是不可能的，因为这种顺从是对自由的放弃。这种假设是基于人生而自由，且自由至上。于是，顺从只能用自由的异化来解释，而任何理性的精神都不应想要异化其自由，因此人不应该接受顺从。

相反，在波伏瓦提出的理论谱系中，顺从是人生在世最初的状态。[11] 诚然，人的本质是他的自由，但这种自由是潜在的：个体首先是一个孩子，因而是一个顺从的人，他必须采取行动以脱离这种最初的顺从状态。自由是一种行动，一种为了摆脱存在即事实（facticité）的状态而作出的代价高昂的举动。

在这种框架下，接受顺从的观点不再是一个悖论。接受顺从不是一种放弃自由的主动之举，而是不作为，是一种消极被动。

既然选择顺从或接受顺从的想法本身不再成问题,还有一个问题仍然存在:如果人是自由的,道德在于自由地行动,为什么一些人更愿意顺从而不去追求自由呢?

自由与处境

萨特的存在主义承认所有人面对自由都会焦虑并因此产生放弃的想法,但这纯粹是从个体的角度思考放弃问题。而追求自由与放弃自由的斗争恰恰发生在个体的内心。正如我们已经看到,对波伏瓦而言,这种方法的问题在于它忽视了社会结构影响这场斗争的方式。因此,波伏瓦借助处境的概念将存在主义对自由的分析复杂化并对其作了改进:的确,所有人都有过想放弃、不再追求自由的念头,但这种想法或多或少取决于个体所处的处境。

个体与心理结构

从《模糊性的道德》开始,波伏瓦区分了两种不同的情况:一种是个体的处境使其无法实现自由,[12] 另一种是个体自愿选择不自由,以便享受顺从带来的特权:

> 我们发现是何种不同把女人和真正的孩童区分开来：对孩童而言，他们的处境是强加的，而女人（我说的是今天的西方女人）的处境却是自己选择的，或者至少是她们认可的。无知和错误就像监狱的高墙一样无法逾越；18世纪的奴隶、关在深闺的穆斯林女人，没有任何工具去反抗这种压迫她们的文明，就连在脑子里想一想，或对此感到惊讶或生气都不可能：她们的行为只能在既定的文化中被定义和评判；在她们的处境中，正如在所有受到限制的人类处境中一样，她们可能会十分认可自己的自由。然而一旦解放是可能的，不抓住机会就是对自由的放弃，这种放弃意味着自欺，是明知有错却依然执迷不悟。[13]

波伏瓦在此对被迫顺从和接受顺从做了明确区分。在前者的情况下，能动性几乎完全消失，因而个体无法对自己负责。而后者的行为完全可以解释为个体受到避免为自由付出代价并从顺从中获利的诱惑。这种情况在波伏瓦看来是一种道德缺失。

因此，存在一种顺从的诱惑，它和人的状况以及为了自由而行动的需求是有内在关联的。然而，以此来解释女性顺从，将其归因为自由的代价，我们似乎否定了存在一种特定的女性顺从的假设：所有人都可能试图通过自欺，假定自己不能获得自由来逃离生存焦虑。在这种情况下，显然没有理由认为女人比其他人更容易自欺。

顺从的得失分析

事实上，波伏瓦认为，女性的某种特质确实更容易导致自欺行为，但这与假定的女性本质无关。女性比男性更容易顺从，原因在于她们的处境。正如波伏瓦在《模糊性的道德》中写道：

> 我们已经指出，某些成年人可以在严肃的世界里真诚地生活：他们是那些被剥夺了所有逃避手段的人，是那些被奴役或者被欺骗的人。经济和社会状况越是阻拦个体对世界采取行动，世界对个体来说就越像一个既定现实。女性的情况正是如此，她们继承了一种漫长的顺从的传统。[14]

这段话从好几个方面来说都具有决定性意义。首先，它体现了波伏瓦对存在主义的推陈出新，传统的存在主义从未把经济、社会和政治层面纳入对存在具体特征的考量。其次，波伏瓦并不认为萨特所谓的自欺和真实之间是非此即彼的关系。她认为，根据个体所处的经济社会状况，自欺和自由都可以有不同程度的表现。波伏瓦由此构想了顺从的另一种可能，即并非源于自欺的顺从：根据女性在社会和经济层面被奴役的程度，她们甚至可以是心甘情愿的顺从。在任何情况下，男性统治导致的经济和社会影响都会削弱女性的自由，这一简单的事实表明女性的顺从并非是纯粹的自欺。

因此，虽然所有人都会被顺从和自由的两难境地困扰，但由于女性的处境及其所继承的顺从传统，她们所受的影响会更严重。这种处境是性别差异教育的产物，波伏瓦在第二卷《成长》一章中对其展开了详细描述：小女孩学会认识到她们自身是弱小、脆弱的，而且是比男孩们更弱小、更脆弱的。在成长过程中，她们经常被拿来和男孩们比较，导致她们认为自己是他者，是非本质的、较弱的一方。然而这种情况首先源于男性对女性主体的定义的操控。这就解释了为什么波伏瓦决定在研究女性的自身经历之前，要先研究男性对女性的看法。尽管这样的章节安排一眼看上去很奇怪，但波伏瓦借此强调了造成女性处境最重要的因素，就是它是从外部、被视女性为他者的男性所感知、构建和强加的，所以女性仿佛注定要低人一等。因此，第二卷应该被解读为是对第一卷中"事实和神话"的影响的现象学研究。

波伏瓦结合了存在主义道德观、构建自由的独创理念和处境的概念，将女性的顺从理解为某种得失计算后的结果：和所有人一样，女性也处于对自由的渴望和焦虑的张力中，既希望投身到世界中去，又受到放弃的诱惑。然而，与男性不同，顺从是社会强加给女性的行为。因此，女性可以通过顺从获得一些好处。比如身材苗条的年轻女性会成为男性目光的焦点，她们通过控制饮食和做运动塑形，漂亮且会打扮，让男性觉得自己有可能得到她们，从而吸引他们的注意。然而独立的女性如果不以女性气质装点自己，就有被拒绝或单身的可能。因此，在父权制度下，女性的处境打破了自由的得失平衡，导致女性获得自由需要比男性付出更高的代价。如此一来，即使是那些最有野心的女性，有时也宁愿放弃自由，不想为此付出代价，比如为了避免感情破裂或单身，她们会选择承担所有家务。

非自愿选择的接受

古典政治哲学中的自由和日常生活的选择自由并不是一码事。其实，卢梭认为的那种只要人性未泯，就不会被剥夺的自由，不过是生而为人就有的抽象的权利，而选择顺从时体现的自由却是一个人类学的发现，人类的一种特质，也被称为能动性，即行动能力。尽管理解政治意义上的自由对于思考社会组织大有裨益，但这种理解只能指向一些理想化或者规范性的理论。对希望更具体而非抽象地了解个体之间建立权力联系的方式的人而言，这种对自由的理解并没有什么用。

尽管人人向往自由，但得到自由所要付出的代价又各不相同，在构建这种自由的具体理论时，波伏瓦强调了顺从之于女人的特殊吸引力。所有人都和自由有着模糊不清的关系：既然自由不是给予的，那就需要争取。要争取就会有风险，首先有可能面对的就是失败。所有人都受到放弃追求超越性的诱惑，以一种可预见的、顺从的存在保持内心平和快乐。然而女性的顺从具有特殊性。尽管她们渴求自由，尽管她们和最具冒险精神的男性一样追求绝对，但是她们知道，男性统治下的社会结构使得她们在追求自由时付出的代价比男性高得多。相反，女性的顺从意味着获得更多好处。女性接受顺从是有社会结构性原因的。

这种接受严格来说不能算是一种选择。作为聚焦个体和自由的哲学，波伏瓦的哲学思想中的选择意味着决定借助自由将自己投射到世界中。相反地，顺从的女性是不行动的、被动的，她们不会想着争取任何自由来反抗她们的处境，即反抗她们"命中注定"的顺从。顺从始终是女性既定的命运,选择顺从就意味着不做任何事反抗这种安排,由着社会规范和男性统治她们、替她们做决定。女性不是主动选择顺从,只是接受安排、接受女性顺从的命运。

走向解放

对波伏瓦而言,这种论断并不令人绝望。恰恰相反,她强调女性对顺从的接受不是为了谴责她们,也不仅仅是为了揭露她们处境的黑暗。波伏瓦笔下所有顺从的女性人物身上都带有反抗精神或对顺从的厌恶,[15] 她不遗余力地强调,这种顺从是由男性掌控的、对女性生而为人所渴求的自由的否定。对女性顺从的分析是为解放思想服务的。波伏瓦将人的状况理解为本质的模糊性,是基于历史、社会和经济条件决定的状况的一部分,这为解放开辟了多种可能;数百万女性在《第二性》中看到一种即将到来的解放的宣告,这种解读并没有错。

顺从并非不可避免

《第二性》基于从接受到顺从的分析,产生了多个层面的解放思想。波伏瓦揭示了女性的处境是如何由人类历史、宗教、理论和神话构建而成的，而非由女性顺从的天性导致。她通过这种方式帮助顺从的女性摆脱自欺和软弱的指责，这种指责通常会强化女性受压迫的处境。通过指出女性如何以及为何接受顺从，波伏瓦拒绝把这种接受归咎于女性。诚然，生而为人，女性可以选择自由，所以她们应当对没有这样选择负责，但她们的处境是由来自外部的男性统治决定的，且这种统治已经把顺从归为女性的命运。在这种情况下，她们绝不应该因为接受顺从而受到谴责。诚然，在某种程度上，选择成为他者并规避作为自由主体的生存焦虑是一种个人乐趣，但正是社会和经济结构导致女性在实现超越性的过程中付出比男性更大的代价。

波伏瓦不仅打消了所有妄图把顺从的道德义务强加到女性身上的意图，还表明这种顺从并非女性无法逃避的命运。她用历史的眼光看待女性顺从，从而使得摆脱男性统治所构建的命运成为可能：

> 梅洛-庞蒂非常确切地指出，人不是一个自然物种，而是一种历史观念。女性不是一种固定的实在，而是一种变化；必须在变化中将其与男性对照，也就是说必须定义她的**可能性**；而导致这么多争论变质的是，人们企图将女人退回到从前的样子，或保持现在的样子，人们

质疑她的能力；事实上，能力只有被实现了才能明确地显露出来；但同样，当开始考虑超越性和超越的存在时，我们永远无法算清这笔账。[16]

认识到女性和男性一样，是一种变化，是一种历史存在，而非天然具有他性和劣势的他者，我们也就理解了顺从是一种历史的态度而不是永恒的天性。正是在特殊的经济、社会和政治条件下，女性才会接受顺从，因此结束这种顺从是可能的。

毋庸置疑，如果将一个群体保持在低人一等的状态，那么它就会一直低人一等，但自由可以打破这种循环。一旦给黑人投票的机会，他们就能胜任投票；一旦赋予女性责任，她们就会担负起责任。事实是，我们不能等待压迫者慷慨无私地给予；有时是被压迫者的反抗，有时甚至是特权阶层自身的演变，产生了新的处境。因此，男性在自身利益的驱动下部分地解放女性：她们只需要继续往上走，她们获得的成功会鼓舞她们继续前进。几乎可以肯定的是，她们从现在开始迟早会在经济和社会上和男性达到完全的平等，这将会带来内部的巨变。[17]

总之，顺从是处境使然。这个论断在两个层面具有重要意义：首先，它让人明白了一个事实，那就是即便顺从可以成为命运，它也并不是真正的命运。女性的顺从命运并非源自她们的天性，而是源自某种历史性的、由经济和政治构建而成的社会状况。尽管社会和个体之间存在循环关系，这似乎会招致对社会变革可能的悲观态度，但以个体和自由为基础的存在主义观点，提出了打破女性压迫的再生产机制的可能性。女性可以承担自由的风险，通过工作改变社会和经济条件，从而使得顺从不再是她们既定的命运。个体和结构的二分法导致人们无法对顺从展开思考，而波伏瓦超越这种二分法，将顺从历史化，从而使反抗顺从成为可能。

男性并非（都）有罪

顺从是处境的产物，这一论断的解放性不仅在于我们所理解的改变处境就有希望摆脱顺从，还在于它明确了个体的责任。波伏瓦通过阐释处境的概念，表明当女性接受顺从时，她们不应该负全部责任。但她也指出，男性个体也不应该对这种顺从负全部责任。男性个体通常不会要求女性顺从；他们和女性一样，被投进一个意义和社会规范都已经存在的世界中。因此，波伏瓦并没有把个体的责任推卸给男性。她只是强调,男性甚至是在不自觉的情况下享有统治的特权,这种特权包括将自己的观点视作中立、客观因而真实,以及将其他人的他性自然化。

因此,波伏瓦通过阐释特权思想参与构建了解放的思想。正如美国哲学家索尼娅·克鲁克斯*(Sonia Kruks)指出的,[18]《第二性》是波伏瓦反思特权阶层——她自己首当其冲——如何看待自身处境的第一步。这一反思会在之后详细展开,但它已经在《第二性》有关男性的道德责任的讨论中有所体现。如果女性受制于她们的处境,那对男性来说也一样。波伏瓦指出,一位殖民地长官可以不做殖民者,但一个男人却不能不做男人,"因此,他有罪却身不由己,并为这一他本人并没有犯下的错而感到压抑"。[19]

通过阐明男性统治如何最终会危及男性自身的自由,波伏瓦开辟了一条男女合作的道路来推翻父权制。她理解男性会担心,一旦他们不再将女性视为他者而是"伴侣",[20] 自己的利益会大大受损,但她仍然赞颂男女之间的友爱情谊。正如作品的最后一句话所说:

> 正是在既定世界中,需要由人来确立自由的领域;为了取得最崇高的胜利,男性和女性必须超越他们的自

---

* 法国政治哲学家、教授。

然差异，明确无误地确认他们的友爱关系。[21]

处境的概念让波伏瓦提出了用友爱重新获得"原始共在"的可能性。意识的冲突和由此产生的他性并非不可避免：一旦理解两性差异的意义是一种历史的社会规范、是可改变的，那么和谐的男女关系，即双方相互友爱的自由关系，就有可能实现。

她自己就是范例

最后，我们可以认为，《第二性》的写作本身就有助于开辟一条解放之路。波伏瓦创作这本书的行为仿佛就是一种反对用主体和他者二分法衡量两性关系的方式。身为作家，她通过写作，把自己投射到作品中，用这种方式证明，女性在原则上并没有被排除在对超越性的追求之外。她表明，女性生来不是注定只能成为男性创造者的伴侣。事实上，她在关于已婚女人的章节中强调，女性容易犯的错误就是，当她们参与和协助丈夫的工作、为他们出谋划策时，相信自己实现了自我或获得了完全的自由：

> 在一切行动中，在一切作品中，选择和决定的时刻

才是重要的。女人通常扮演的是占卜师询问的水晶球的角色,也就是说,换一个女人也能做好这件事。男人往往以同样的信赖接纳另一位女性合作伙伴,这就是证明。索菲娅·托尔斯泰(Sophie Tolstoï)将她丈夫的手稿誊抄清楚,但后来他让他的一个女儿做这件事;于是她明白了,她对抄写的热忱不会让她变得不可或缺。只有自主的工作才能确保女性拥有真正的自主。[22]

《第二性》的写作体现了波伏瓦作为女性投身事业的可能性,这种自主的工作体现了自由,打破了女性受压迫的恶性循环。

结语
那么现在呢？

女性顺从是十分复杂的：这种顺从作用于个人，同时受社会结构的影响，一般指女性对某一特定男性的顺从，同时首先也是对一系列社会规范的顺从，这种顺从可能是令人愉悦的，但同时也可能将人带往绝境。

可以确定的是，承认顺从并非是道德缺失，而是女性不断被提醒的命运，这一说法让人再次想到同意的问题，尤其是在性方面。事实上，如果男性和女性认为女性不仅应该顺从于男性且要乐在其中，认为女性是男性作为猎手应该征服的猎物，那么性爱关系的结构可能会与性同意概念所传达的男女双方意愿平等的形象背道而驰。这一包含多层意思的概念促使人们从三个层面对性同意进行反思。

首先是性同意的法律问题：怎样才能让强奸犯、性侵犯、性骚扰犯依法受到切实的惩罚？比如，如何终结以下数据描绘的这种可怕的状况：在法国，10%的强奸案女性受害者选择起诉，3%的强奸案最终会提交重罪法庭审理。总之，怎样才能保证同意（指的是选择或者接受一种提议的行为）的法律规范得到遵守？这里就有两个障碍：第一个，也是最明显的，即在性的领域里，只有当事人才知道说了什么以及做了什么，所以有时候法院很难认定事实。第二个障碍是，这种情况今天已经少很多了，即推定女性的话是谎言。不管是从起诉塔里克·拉马丹*（Tariq Ramadan）的女性被对待的方式来看，还是就某些尤其想保护被诬陷的男性（研究显示2%到4%的指控是子虚乌有）的评论者而言，很显然，女性公开表示自己没有同意时，她们的话都会自发地受到质疑。而这种质疑与女性应该顺从男性的社会规范有关：控诉性暴力意味着偏离女性气质规范。

同意引起的第二个问题是道德问题：当性行为并非基于"男性提议，女性决定"的观念模式，也就是说，当它是基于不平等、带有性别歧视的观念模式时，我们该如何看待它？美国人所谓的"明确同意"的标准，成为越来越多大学[1]和某些州的准则，即只有热情地表达"好"才能表示同意，这似乎是最合适的解决方案了。针对这个标准，我们已经听到了"法式殷勤"（galanterie à la française）和"偷吻魅

---

* 瑞士籍穆斯林学者，曾是英国牛津大学东方学系当代伊斯兰研究讲席教授，活跃于瑞士、法国及欧洲学界，因被多名女性指控性侵而陷入司法和媒体漩涡。

力"（charme des baisers volés）的支持者以及那些认为性行为的本质就是不平等和暴力的人的反对和质疑。在他们看来，爱情和性行为的"本质"，莫过于男人的暴力"本性"或女人的顺从"本性"。有些人想要占据主导地位，有些人则懒得主动而处于被动地位，这不关任何人的事，但要使性行为尽可能不具压迫性，这些地位必须是由双方真实选择的结果。并且我们很难想象，爱人在耳边低声诉说他或她的欲望会扼杀爱情！

最后，是关于性同意的政治问题，处于我们这个父权制社会环境里，正是这方面的问题促使我们反思顺从的概念。在这样的一个社会中，男性和女性在各种社会规范的约束中长大，这些规范要求男性独立和勇敢，要求女性体贴和顺从。因此，有些女性遭遇了性骚扰或者性侵犯，不仅没有选择谴责和揭发，反而以此为荣，并且指责揭发这些行为的女性有"受害者心态"，也就不足为奇了。侵害女性的男性之间有惊人的共识和认同，没有人会对此感到讶异，但要知道，比起这个，对两性平等而言，最大的敌人其实是我们在自己或在其他女性身上看到的女性对自身顺从的接受和认同。

注释

1 一个哲学禁忌

[1] Jean-Jacques Rousseau, *Du contrat social*, 1762, dans *Œuvres complètes*, t. III, Paris, Gallimard, coll. « Bibliothèque de la Pléiade », 1964, p. 356.

[2] « Les aberrations sexuelles »(1905), « Un enfant est battu »(1919) et « Le problème économique du masochisme »(1924) réunis dans Sigmund Freud, *Du masochisme*, édition présentée et annotée par Julie Mazaleigue-Labaste, Paris, Payot, 2011.

[3] 比如卢梭在《爱弥儿》第五卷中论述的对苏菲的教育方法。

[4] 关于当代法语文学中的顺从概念,我们将参考 Joëlle Papillon 的作品 *Désir et Insoumission : la passivité active chez Nelly Arcan, Catherine Millet et Annie Ernaux*, Presses de l'Université de Laval, 2018。

[5] 存在例外情况,比如 Saba Mahmood, *Politique de la piété : le féminisme à l'épreuve du renouveau islamique*, trad. fr. Nadia Marzouki, Paris, Éditions La Découverte, 2009。

[6] 参见 Sandra Harding, « Rethinking Standpoint Epistemology : What is "Strong Objectivity" ? », dans Linda Alcoff et Elizabeth Potter (éds.), *Feminist Epistemologies*, New York, Routledge, 1993。

[7] Susan M. Okin, *Women and Western Political Thought*, Princeton University Press, 1978 ; Carole Pateman, *Le contrat sexuel*, trad. fr. Charlotte Nordmann, Paris, La Découverte, 2010.

[8] 区别他人(autre)和他者(Autre)对于理解女性气质这一概念尤为重要,我们将在后面的章节中详细讨论这个问题。

〔9〕参见 Abbie Goldberg, Julianna Smith et Maureen Perry-Jenkins, «The Division of Labor in Lesbian, Gay, and Heterosexual New Adoptive Parents», *Journal of Marriage and Family*, vol. 74, n° 4, 2012, p. 812-828。

〔10〕Uma Narayan, «Minds of their Own: Choices, Autonomy, Cultural Practices, and Other Women», dans Louise Antony et Charlotte Witt, *A Mind of One's Own*, Boulder, Westview, 1993, 2e éd., 2002, p. 418-432.

〔11〕代词式动词"se dominer"可用于表示"有自控力""控制自己",但是该用法不会如"soumettre"的及物用法和代词式用法那样造成动词"dominer"的模糊性,因为两种用法所对应的视角没有发生改变(均为权力关系中支配方的视角)。

〔12〕此处的统治非军事上的统治。

2 女性顺从:一种同义反复?

〔1〕参见 Paula Caplan, *The Myth of Women's Masochism*, New York, Dutton, 1985。

〔2〕Julie Mazaleigue-Labaste 对受虐狂在精神病理学上的研究发展作出了很大贡献:«Préface. Le "maudit problème du masochisme"», dans Sigmund Freud, *Du masochisme*, édition présentée et annotée par Julie Mazaleigue-Labaste, *op. cit.*, p. 7-45。

〔3〕"在这个压抑过程中,会产生一种负罪感,这种负罪感的根源同样不为人所知,但它无疑与乱伦的欲望有关,由于这些欲望持续存在于无意识中", *ibid.*, p. 134。

〔4〕*Ibid.*, p. 150.

〔5〕*Ibid.*, p. 168-169.

〔6〕弗洛伊德选择放弃对受虐狂最神秘之处进行解释,他的理由是为了省略不必要的麻烦,对此他写道:"要想解释清楚这一点,必须考虑太多复杂的因素", *ibid.*, p. 172。

〔7〕*Ibid.*, p. 176.

〔8〕Lettre de Paul aux Éphésiens, 5, 21-33.

〔9〕Sourate 4, verset 34/38 du Coran.

〔10〕关于对《古兰经》的父权制解读所带来的问题,可参考 Asma Barlas,

Believing Women in Islam. Unreading Patriarchal Interpretations of the Quran, Austin, University of Texas Press, 2002。

[11] Jean-Jacques Rousseau, *Émile ou De l'éducation*, 1762, dans *Œuvres complètes*, t. IV, Paris, Gallimard, coll. « Bibliothèque de la Pléiade », 1969.

[12] Catharine MacKinnon, *Toward a Feminist Theory of the State*, Cambridge, Harvard University Press, 1989, p. 219.

[13] Catharine MacKinnon, « Sexuality, Pornography, and Method : Pleasure under Patriarchy », *Ethics*, vol. 99, n°2, janvier 1989, p. 314-346.

[14] "通常认为正常性行为的目的是生殖器官在交配行为中的结合,这种结合导致性张力的消解和性冲动的暂时平息(类似于饥饿后饱食带来的满足感)", Sigmund Freud, « Les aberrations sexuelles », dans Sigmund Freud, *Du masochisme*, *op. cit.*, p. 75-76。

[15] Catharine MacKinnon, « Sexuality, Pornography, and Method : Pleasure under Patriarchy », art. cité, p. 315.

[16] *Ibid.*, p. 333-334.

[17] *Ibid.*, p. 318-319.

[18] Catharine MacKinnon, *Toward a Feminist Theory of the State*, *op. cit.*, p. 113-114.

[19] "对于激进女性主义来说,两性状况和女性作为群体的相关定义被认为是社会性的,甚至是身体层面也是如此。只有在偶然情况下抑或在结果层面上,它们才是生物性的。" *Ibid.*, p. 46.

[20] « *On the first day that matters, dominance was achieved, probably by force.* » Catharine MacKinnon, *Feminism Unmodified. Discourses on Life and Law*, Cambridge, Harvard University Press, 1987, p. 40.

[21] 麦金农称,她所提出的"统治论"(the dominance approach)理论是为了弥补平等主义差异理论的不足。在她看来,底薪的工作、强奸的普遍存在、家暴、卖淫和色情文艺等都是女性因身为女性而面临的困境,而关于性别差异的平等主义理论却无法在法律层面解决这些问题。事实上,由于这些困境几乎只涉及女性,因此从男女平等的角度来看并没有造成问题。相反,采用"统治论"的方法,我们可以从法律层面对这些问题进行系统的研究,麦金农关于这些问题的近2000页的法学著作证明了这一点: *Sex Equality*, University Casebook

Series, SaintPaul, Fondation Press, 3e éd., 2016。

〔22〕据我所知，麦金农没有为这一选择作出解释。

〔23〕女性是顺从的，但这并非自由选择的顺从，就像霍布斯所说的战俘，除了绝对服从和死亡，她们别无选择。

3 女人是什么？

〔1〕"其实，我是想写我自己。我喜欢莱里斯的《人生》，我喜欢写这类祭献式的东西，你可以在其中大胆地剖析自己。我开始构思、记了点笔记，并与萨特谈论了一番。我发觉，首先有一个问题冒了出来：做一个女人对我来说有什么意义？〔……〕我对萨特说：'对我而言，可以说这根本算不了什么。'萨特说道：'反正，您并没有像一个男孩子那样成长；您必须仔细地研究这一点。'我仔细地考虑了，并且有所发现：这个世界是男人的世界，我的童年被灌输的是一些男人制造的神话，而我却并未像一个男孩子似的对此作出反应。我对此非常感兴趣，所以我放弃了自己剖析自己的计划，以便关注普遍意义上的女性的生存条件。我去国家图书馆阅读了一些书籍，并研究了女性的神话。"Simone de Beauvoir, *La Force des choses*, t. I, Paris, Gallimard, 1963, p. 136.

〔2〕关于该问题的详细讨论，参见 Alison Stone, « Essentialism and Anti-Essentialism in Feminist Philosophy », *Journal of Moral Philosophy*, n° 1.2, 2004, p. 135-153。

〔3〕Simone de Beauvoir, *Le Deuxième Sexe*, t. I, Paris, Gallimard, 1949, p. 14.

〔4〕*Ibid.*, p. 15.

〔5〕*Ibid.*, p. 14.

〔6〕"bizzare"是英语单词"queer"的法语翻译。"queer"原是用来描述这类人的贬义形容词，后来他们用这个词来指代自身身份，并赋予了它积极含义。

〔7〕由于波伏瓦写作于生理性别（sexe）和社会性别（genre）被区分之前，并且引入这种区分会导致波伏瓦话语的真正含义被模糊化，因此我们在这一章中将尽量避免使用"社会性别"一词，但这并不意味着性别差异是完全基于生物因素的。

〔8〕Simone de Beauvoir, *Le Deuxième Sexe*, t. I, *op. cit.*, p. 14.

〔9〕 Judith Butler, «Sex and Gender in Simone de Beauvoir's *Second Sex*», *Yale French Studies*, vol. 72, 1986, p. 35-49.

〔10〕 Simone de Beauvoir, *Le Deuxième Sexe*, t. II, Paris, Gallimard, 1949, p. 13.

〔11〕 "生产力和生殖力的平衡,在人类历史的不同经济时期实现的情况不同,这些不同时期决定了男性和女性与子女的关系,因而也决定了两性之间的关系。于是我们走出生物学领域,因为只根据这一点,不能得出是哪个性别在延续物种中起更重要的作用。

一个社会毕竟不是一个物种,物种在社会中是作为存在实现自己的;物种的自我超越是朝向世界和朝向未来的,其风俗习惯不是从生物学得出来的;个体从来不受他们的天性摆布,而是服从于习惯这第二天性,反映其本体态度的愿望和恐惧反映在习惯中。主体不是作为身体,而是作为受禁忌和法律制约的身体,才意识到自身,自我完善,正是以某些价值的名义,主体受到重视。再一次,生理学并不能建立价值,更确切地说,生物学论据所具有的价值是存在者赋予它的。" *Ibid.*, t. I, p. 78.

〔12〕 "有些论据在生物学上很重要,但不属于女人体验过的处境,卵子的结构在其中就没有得到反映;相反,一个没有重要生物学意义的器官,比如阴蒂,却在其中起着头等重要的作用。并非自然确定女人,而是女人在其情感生活中使自然重新为其所用才得以自我确定。" *Ibid.*, p. 80.

〔13〕 关于社会构建论的详细论述,参见 Sally Haslanger, «Ontology and Social Construction», *Philosophical Topics*, vol. 23, n° 2, automne 1995, p. 95-125。

〔14〕 Simone de Beauvoir, *Le Deuxième Sexe*, t. I, *op. cit.*, p. 27.

〔15〕 "我们在自欺的这些不同的表现中发现的是什么样的统一呢?是以某种手段构成一些矛盾概念,就是说把一个观念和对这个观念的否定统一在自身之中的一些概念。是因此而产生的基础的概念,这种概念利用了人的存在的双重性质:人为性和超越性。人的实在的这两个方面真正说来是而且应该是能够有效地调和的。但是自欺既不想以综合来调和它们也不可能以此来克服它们。对自欺来说,关键在于以保存它们的区别来肯定它们的同一。应该肯定作为超越性的人为性和肯定作为人为性的超越性,以至人们在把握其中一个的时刻会突然面对另外一个。" Jean-Paul Sartre, *L'Être et le Néant*, Paris, Gallimard, coll. «Tel», 1976, p. 91.

〔16〕Simone de Beauvoir, *La Force de l'âge*, Paris, Gallimard, 1960, p. 498. 值得一提的是，正如波伏瓦自己所说的那样，女性顺从的思想与关于东方后宫深闺的刻板印象密不可分。

〔17〕"我的生活不再是一场游戏，我知道我的根基，我不再假装逃避我的处境：我试着接受它。从此以后，现实显现出它的分量。有时候，将就接受它让我觉得难以忍受。" *Ibid.*, p. 686.

〔18〕尽管没有明确说明，但波伏瓦坚决反对萨特在《存在与虚无》中论述的自由观。她写道："18世纪的黑奴，被关在深闺的穆斯林女人，他们没有任何工具反抗这种压迫他们的文明，就连在脑子里想一想，或对此感到惊讶或生气都不可能。" Simone de Beauvoir, *Pour une morale de l'ambiguïté*, Paris, Gallimard, 1947, p. 51.

〔19〕Simone de Beauvoir, *La Force de l'âge*, *op. cit.*, p. 538.

〔20〕Martin Heidegger, *Being and Time*, 1927, trad. angl. John Macquarrie et Edward Robinson, Londres, SCM Press, 1962, § 4, p. 32, [12].

〔21〕*Ibid.*, p. 119, [86].

〔22〕"'常人'有其自己的存在方式。" *Ibid.*, p. 164, [126].

〔23〕Simone de Beauvoir, *Le Deuxième Sexe*, t. I, *op. cit.*, p. 15.

〔24〕*Ibid.*

〔25〕比如说，波伏瓦在第二卷的结语中写道："罪恶不是来自个体的堕落——当一方怨恨另一方时，自欺就开始了——它源于一种处境，一切个人行为对此都无能为力。" *Ibid.*, t. II, p. 643.

〔26〕*Ibid.*, t. I, p. 15.

〔27〕*Ibid.*, t. I, *op. cit.*, p. 15.

〔28〕*Ibid.*, t. II, *op. cit.*, p. 9.

4 难以理解的顺从

〔1〕参见 Kristie Dotson, « How is this Paper Philosophy ? », *Comparative Philosophy*, vol. 3, n° 1, 2012, p. 3-29。

〔2〕Friedrich Nietzsche, *Le Gai Savoir*, livre V, trad. fr. P. Klossowski, 10/18, § 355, p. 359-360.

〔3〕关于日常性给哲学带来的这一问题的深入分析，参见哲学家桑德拉·

劳吉尔(Sandra Laugier)的研究。

〔4〕Simone de Beauvoir, *La Force de l'âge*, op. cit.

〔5〕James C. Scott, *La Domination et les arts de la résistance. Fragments du discours subalterne*, 1992, trad. fr. Olivier Ruchet, Paris, Éditions Amsterdam, 2008, p. 32.

〔6〕Michel Foucault, « *Il faut défendre la société* ». *Cours au Collège de France 1975-1976*, Paris, Le Seuil/ Gallimard, 1997.

〔7〕Jane Austen, *L'Abbaye de Northanger*, trad. fr. Pierre Arnaud, Paris, Gallimard, 2004, p. 133.

〔8〕参见由乔治·杜比和米歇尔·佩罗主编、由色伊出版社出版的五卷本《西方女性史》。

〔9〕当然,一个人处在劣势地位时可以不选择顺从;人类学家和社会学家在这方面的研究表明,人们对统治的反抗在很大程度上被低估了,因为只有统治者才会研究统治这个话题,而他们又往往更注重自身的成功而非失败。这一方面的研究可参见 James C. Scott, *La Domination et les arts de la résistance. Fragments du discours subalterne*, op. cit。

〔10〕Gayatri Chakravorty Spivak, *Les subalternes peuvent-elles parler ?*, 1988, trad. fr. Jérôme Vidal, Paris, Éditions Amsterdam, 2009.

〔11〕Michel Foucault et Gilles Deleuze, « Les intellectuels et le pouvoir », *L'Arc*, n° 49, 2e trimestre 1972, p. 3-10, republié dans Michel Foucault, *Dits et écrits*, t. I, Paris, Gallimard, 2001, p. 1174-1184.

〔12〕*Ibid.*, p. 1177.

〔13〕Gayatri Chakravorty Spivak, *Les subalternes peuvent-elles parler ?*, op. cit., p. 15.

〔14〕在这篇文章以及其他文章中,斯皮瓦克研究的一部分是关于被压迫者和底层人之间的区别的。在1992年的一次访谈中,她解释道:"'底层人'不仅仅是一个用来指代那些'受压迫者'、他者或那些无法分得一杯羹的人的高级词汇。在后殖民语境中,一切少有机会或根本没有机会接触文化帝国主义的人都是底层人——这是一种差异的空间。现在,谁还会说那只是受压迫者呢?工人阶级是受压迫者,但他们并不是底层人。" Leon de Kock, « Interview With Gayatri Chakravorty Spivak : New Nation Writers Conference in South Africa », *ARIEL* :

A Review of International English Literature, n° 23, vol. 3, 1992, p. 29-47.

〔15〕Gayatri Chakravorty Spivak, *Les subalternes peuvent-elles parler ?*, *op. cit.*, p. 69.

〔16〕*Ibid.*, p. 69.

5 顺从的经验

〔1〕Simone de Beauvoir, *Le Deuxième Sexe*, *op. cit.*, t. I, p. 31-32.

〔2〕Simone de Beauvoir, *La Force des choses*, t. I, *op. cit.*, p. 264.

〔3〕*Ibid.*, t. II, p. 626.

〔4〕参见 Sonia Kruks, *Situation and Human Existence : Freedom, Subjectivity, and Society*, Londres, Uwin Hyman, 1990, p. 111 ; Karen Vintges, *Philosophy as Passion : The Thinking of Simone de Beauvoir*, Bloomington, Indiana University Press, 1996, chapitre IX, p. 136-159 ; Sara Heinämaa, *Toward a Phenomenology of Sexual Difference. Husserl, Merleau - Ponty, Beauvoir*, Lanham, Rowman and Littlefield, 2003, p. xiii。

〔5〕Simone de Beauvoir, *La Force de l'âge*, *op. cit.*, p. 157.

〔6〕Edmund Husserl, *La Crise des sciences européennes et la phénoménologie transcendantale*, 1936, trad. fr. Gérard Granel, Paris, Gallimard, 1983, § 55, p. 146.

〔7〕Simone de Beauvoir, *Le Deuxième Sexe*, t. I, *op. cit.*, p. 34.

〔8〕*Ibid.*, t. II, p. 9.

〔9〕"只有这样,我们才能明白,女人要继承沉重的过去并尽力铸造新的未来,会面临哪些问题。"*Ibid.*

〔10〕Cité par Simone de Beauvoir, *La Force des choses*, t. I, *op. cit.*, p. 261.

〔11〕"我还充分地利用了(尤其是在我写第二卷的时候)萨特和我,我们俩这些年来对各种各样的人的关注之所得:我的回忆向我提供了大量材料。"*Ibid*, p. 259.

〔12〕也就是说,她拒绝采用胡塞尔的"先验自我"(l'ego transcendantal)的视角。

〔13〕Voir par exemple *Le Deuxième Sexe*, t. II, *op. cit.*, p. 220-221.

〔14〕在第一卷中,波伏瓦提出了在个人主义和结构主义之间找到第三条道路的必要性:"将个人戏剧看作人类的经济史的同时,只有存在主义的基础

能够让人从整体理解生命这种特殊形式。" *Ibid.*, t. I, p. 107.

〔15〕关于视角转换的问题及其引发的方法论问题,参见第一章。

〔16〕当然,波伏瓦没有使用"自上而下"(top-down)和"自下而上"(bottom-up)这样的认识论表达法。

〔17〕Bruno Frère et Sébastien Laoureux (dir.), *La Phénoménologie à l'usage des sciences humaines*, Bruxelles, Peter Lang, 2013, p. 9.

〔18〕Simone de Beauvoir, *Le Deuxième Sexe*, t. I, *op. cit.*, p. 34.

〔19〕*Ibid.*, t. II, p. 275.

〔20〕"交叉性"(intersectionnalité)的概念最初是在法律领域为了解决反歧视法存在的问题而被提出的一种比喻说法。美国法律理论家金伯莉·克伦肖(Kimberly Crenshaw)提出这个概念是为了反对这样一个问题,即美国的反歧视法规定,黑人女性在提出诉讼时必须明确自己受到的是性别歧视还是种族歧视,而这种将种族和性别问题分开来处理的做法掩盖了她们作为黑人女性受到双重歧视的事实。"交叉性"的概念后来被更广泛地用于分析不同压迫体系之间的关系。

〔21〕Judith Okely, *Simone de Beauvoir: A Re-Reading*, Londres, Virago, 1986.

〔22〕关于20世纪50年代至70年代女性主义者的这种假设的种族主义层面和阶级主义层面,我们可参考哲学家贝尔·胡克斯(bell hooks)的作品,尤其是 *De la marge au centre: théorie féministe*, trad. fr. Noomi Grüsig, Paris, Cambourakis, coll. «Sorcières», 2017。

〔23〕关于《第二性》的出版,参见 Toril Moi, *Simone de Beauvoir. Conflits d'une intellectuelle*, trad. fr. Guillemette Belleteste, Paris, Diderot éditeurs, 1995, Ingrid Galster (textes réunis et présentés par), *Le Deuxième Sexe de Simone de Beauvoir*, Paris, Presses de l'université Paris-Sorbonne, coll. «Mémoire de la critique», 2004。

6 顺从是一种异化

〔1〕"女人的处境和黑人的处境非常相似:两者今日都从相同的家长制中解放出来,不久以前还是主宰者的阶层企图把他们保持在"原来的位置",就是说保持在它为他们选择的位置;在这两种情况下,这个阶层对无知、幼稚、笑容满面的"好黑人",对逆来顺受的黑人,以及对"女人味十足"的女人,

也就是肤浅、幼稚、轻率且顺从于男人的女人,对他们的品德散布或多或少真诚的赞美。" Simone de Beauvoir, *Le Deuxième Sexe*, t. I, *op. cit.*, p. 27.

〔2〕参见 Kathryn Gines, « Comparative and Competing Frameworks of Oppression in Simone de Beauvoir's *The Second Sex* », *Graduate Faculty Philosophy Journal*, vol. 35, n° 1, 2014, p. 251-273。

〔3〕"1940 年 7 月 6 日。我去了国家图书馆。我拿了一张卡片,开始读黑格尔的《精神现象学》。到现在为止,我几乎还什么都读不懂。我决定每天从两点到五点研究黑格尔。这是我所能做的最令我安心的事。" Simone de Beauvoir, *La Force de l'âge*, *op. cit.*, p. 523.

〔4〕Simone de Beauvoir, *Le Deuxième Sexe*, *op. cit.*, p. 19-20.

〔5〕但是,也存在一种例外情况:波伏瓦认为,妻子有时会专横暴虐地对待她的丈夫,这属于主奴辩证法的范畴,因为丈夫受到的压迫正是来源于他施加的压迫:"主人和奴隶的辩证关系在这里得到了最具体的应用:通过压迫,人们变成被压迫者。男性正是因为他们至高无上的权力而受到了束缚;因为只有他们在挣钱,妻子才要求开发票,因为只有他们在工作,妻子才会要求他们事业有成,因为只有他们体现了超越性,妻子才会把丈夫的规划和成功当成自己的人生目标,从而掠夺他们的超越性。反之,妻子施行的专制反映出来的只是她的依附性……如果她强烈想要他顺从她的意愿,这是因为她已经异化成他了。" *Ibid.*, t. II, p. 323.

〔6〕"支配源于为获得'承认'(*anerkennen*)而进行的殊死斗争。两个对手都为自己设定一个本质上是人类的而非动物或生物的目标,即他们作为人类的现实或尊严得到'承认'。未来的主人经受住了斗争和风险的考验,而未来的奴隶则无法掌控他(对死亡的本能)的恐惧。因此,他屈从了,他承认自己被打败,同时也承认了战胜者的优越性,并像奴隶顺从于主人一样顺从于战胜者。主人对奴隶的绝对权威就这样诞生了。" Alexandre Kojève, *La Notion de l'autorité*, Paris, Gallimard, 2004, p. 70-71.

〔7〕Simone de Beauvoir, *Le Deuxième Sexe*, t. I, *op. cit.*, p. 20.

〔8〕波伏瓦认为,这种从属地位的根源是女性的生育负担以及直到 20 世纪才被解决的生育不可控性。

〔9〕"因此,通过劳动,也只有通过劳动,人类才能真正地作为人类自我实现。" Alexandre Kojève, *Introduction à la lecture de Hegel : leçons sur la phénoménologie de l'esprit*, Paris, Gallimard, 1947, p. 30.

[10] Simone de Beauvoir, *Le Deuxième Sexe*, t. II, *op. cit.*, p. 263-264.

[11] 参见 Eva Lundgren-Gothlin, *Sexe et existence. La philosophie de Simone de Beauvoir*, Paris, Michalon, 2001, p. 50 et suivantes。

[12] Simone de Beauvoir, *Le Deuxième Sexe*, t. I, *op. cit.*, p. 18.

[13] "但是女人不像美洲黑人或犹太人,她们不是少数人,地球上女人和男人一样多。往往,彼此相对的两个群体首先是独立的:过去的他们互不知晓,或者互相承认对方的自主性;是一次历史事件使弱者屈服于强者:犹太人散居各国、奴隶制引入美洲、殖民者的征服,都是有重大意义的事实。在这些情况下,对受压迫者来说,有过一个**前史**。" *Ibid.*, t. I, p. 21.

[14] 尽管凯瑟琳·希内斯确实有理由认为,将女性与黑人、犹太人和无产者进行比较的做法忽视了多重身份存在的可能性,但我们从这里可以看出,她对波伏瓦的指责——即认为波伏瓦没有考虑到非白人和非资产阶级的女性——实际上是站不住脚的。

[15] Simone de Beauvoir, *Le Deuxième Sexe*, t. I, *op. cit.*, p. 21-22.

[16] Nancy Bauer, « Being-with as being-against : Heidegger meets Hegel in *The Second Sex*», *Continental Philosophy Review*, vol. 34, 2001, p. 132.

[17] Simone de Beauvoir, *Le Deuxième Sexe*, t. I, *op. cit.*, p. 19.

[18] Simone de Beauvoir, *Le Deuxième Sexe*, t. I, *op. cit.*, p. 193.

[19] Catharine MacKinnon, «Feminism, Marxism, Method and the State : An Agenda for Theory», *Signs*, vol. 7, n° 3, 1982, p. 537-538.

[20] Simone de Beauvoir, *Le Deuxième Sexe*, t. I, *op. cit.*, p. 34.

7 顺从女性客体化的身体

[1] Simone de Beauvoir, *Le Deuxième Sexe*, t. I, *op. cit.*, p. 12.

[2] 参见 Nancy Bauer, *Simone de Beauvoir, Philosophy, and Feminism*, New York, Columbia University Press, 2001, chapitre II。

[3] "如果我想自我定义,那么我不得不首先声明:'我是一个女人';这个事实构成一个基础,任何其他的论断都建立在这个基础之上。" Simone de Beauvoir, *Le Deuxième Sexe*, t. I, *op. cit.*, p. 16.

[4] *Ibid.*, p. 72.

[5] *Ibid.*, p. 78.

[6] "男性的性生活能正常地与个体生存相结合：在欲望来临时，在性交时，他对物种的超越与对自身超越的主体时刻合而为一——他是他的身体。女人的历史则复杂得多。" *Ibid.*, p. 65.

[7] *Ibid.*, p. 66.

[8] *Ibid.*, p. 69.

[9] *Ibid.*, p. 72.

[10] *Ibid.*, p. 70.

[11] *Ibid.*, p. 70.

[12] *Ibid.*, p. 69. 波伏瓦在此处加了一个注释，她引用了梅洛-庞蒂的话："我是我的身体，至少在我获得经验的情况下如此；反之，我的身体就像一个自然的主体，就像我全部存在的一个轮廓。"

[13] Charlene H. Seigfried, « Second Sex : Second Thoughts », dans Azizah Y. al-Hibri et Margaret Simons (dir.), *Hypathia Reborn : Essays in Feminist Philosophy*, Bloomington, Indiana University Press, 1990, p. 305-322 ; Catriona Mackenzie, « Simone de Beauvoir : Philosophy and/or the Female Body», dans Carole Pateman et Elizabeth Grosz (dir.), *Feminist Challenges : Social and Political Theory*, Sydney, Allen and Urwin, 1986, p. 144-156.

[14] Simone de Beauvoir, *Le Deuxième Sexe*, t. I, *op. cit.*, p. 78.

[15] *Ibid.*, p. 78-79.

[16] *Ibid.*, t. II, p. 646.

[17] "这阐明并解释了科学出现之前的意识活动，只有它可以把完整的意义给予科学活动且科学活动一直要以它作为参照。" Maurice Merleau-Ponty, *Phénoménologie de la perception*, Paris, Gallimard, 1947, rééd. coll. « Tel », 1976, p. 71.

[18] Simone de Beauvoir, *Le Deuxième Sexe*, t. I, *op. cit.*, p. 75.

[19] Simone de Beauvoir, *Le Deuxième Sexe*, t. I, *op. cit.*, p. 80.

[20] *Ibid.*, p. 73.

[21] *Ibid.*, p. 71.

[22] 关于《第二性》中的异化分析及其对波伏瓦身体哲学的影响，参见 Toril Moi, *Simone de Beauvoir. Conflits d'une intellectuelle*, *op. cit.*, p. 239-284, chapitre

VI : « L'ambiguïté des femmes : l'aliénation et le corps dans Le *Deuxième sexe* »。

〔23〕 Simone de Beauvoir, *Le Deuxième Sexe*, t. II, *op. cit.*, p. 345.

〔24〕 *Ibid.*, t. I, p. 68.

〔25〕 *Ibid.*, t. I, p. 58, p. 69 ; t. II, p. 81, p. 118.

〔26〕 *Ibid.*, t. I, p. 72 ; t. II, p. 174, p. 181, p. 185.

〔27〕 *Ibid.*, t. I, p. 114 ; t. II, p. 42, p. 43, p. 47, p. 81, p. 88, p. 91.

〔28〕 Jean-Paul Sartre, *L'Être et le Néant*, *op. cit.*, p. 259.

〔29〕 *Ibid.*, p. 275.

〔30〕 *Ibid.*, p. 308.

〔31〕 *Ibid.*, p. 305-306.

〔32〕 *Ibid.*, p. 341.

〔33〕 Renaud Barbaras, « Le corps et la chair dans la troisième partie de *L'Être et le Néant* » dans Jean-Marc Mouillie (dir.), *Sartre et la phénoménologie*, ENS Éditions, 2000, p. 279-296 ; Kim Sang Ong-Van-Cung, « Le corps et l'expérience d'autrui. Un aspect du problème de la négation dans *L'Être et le Néant* », dans Jean-Marc Mouillie et Jean-Philippe Narboux (dir.), *Sartre. L'Être et le Néant. Nouvelles lectures*, Paris, Les Belles lettres, 2015, p. 115-136.

〔34〕 "它或者是万物之一，或者是万物通过它向我显露的媒介。但是它不能同时是这二者。" Jean-Paul Sartre, *L'Être et le Néant*, *op. cit.*, p. 343.

〔35〕 "这个对象对我们来说只作为抽象的指示存在：它是一切向我指出的东西，并且是我原则上不能把握的东西，因为我正是这个东西。" *Ibid.*, p. 357.

〔36〕 "我体验到的一切被世界本身指示为我对世界的观点。" *Ibid.*, p. 368.

〔37〕 *Ibid.*, p. 394.

〔38〕 *Ibid.*, p. 404.

〔39〕 在关于神话的章节中，波伏瓦再一次表达了对意识冲突观点的认同，但她使用了黑格尔式的表达方式。她认为，男性为了摆脱这种意识冲突的危险，把女性构建为他者："她既不以大自然敌对的沉默去对抗他，也不以互相承认的苛求去对抗他；她通过独一无二的特权，成为一种意识，然而，似乎可以在她的肉体中占有这个意识。有了这个意识，便有了一种逃避主奴之间无情的辩证关系的方法，这种关系的根源就在于自由的相互性。" Simone de Beauvoir, *Le Deuxième Sexe*, t. I, *op. cit.*, p. 240.

〔40〕 *Ibid.*, p. 242.

〔41〕 *Ibid.*, p. 241.

〔42〕 *Ibid.*, p. 62.

〔43〕 *Ibid.*, p. 63.

〔44〕 *Ibid.*, p. 64.

〔45〕 例如，菲奥娜·威尔-格雷利用波伏瓦的分析来解释她关于年轻女性受到的街头骚扰的经验研究：Fiona Vera-Gray, *Men's Intrusion, Women's Embodiment. A Critical Analysis of Street Harassment*, Londres, Routledge, 2016。

〔46〕 Simone de Beauvoir, *Le Deuxième Sexe*, t. II, *op. cit.*, p. 127-128.

8 快乐还是压迫：顺从的模糊性

〔1〕 Simone de Beauvoir, *Le Deuxième Sexe*, t. II, *op. cit.*, p. 43.

〔2〕 *Ibid.*, p. 388.

〔3〕 *Ibid.*, p. 389.

〔4〕 *Ibid.*, p. 392.

〔5〕 *Ibid.*, p. 396.

〔6〕 Simone de Beauvoir, *La Force de l'âge*, *op. cit.*, p. 95.

〔7〕 Simone de Beauvoir, *Mémoires d'une jeune fille rangée*, Paris, Gallimard, 1958, p. 452.

〔8〕 *Ibid.*, p. 446.

〔9〕 "然而，我并不认为自己是个哲学家；我清楚地知道，我可以很轻松地进入一个文本，恰恰是因为我缺乏创造力……在与萨特交谈的过程中，我细心感受他的耐心和胆识，全身心投入到哲学中在我看来似乎是一件令人愉悦的事，但只有当我们被某个想法深深吸引时才是如此……在阅读芬克的作品时，我暗自思忖：'但一个人怎么会心甘情愿地做别人的信徒呢？'后来，我时不时地乐意扮演信徒的角色。而一开始我在知识上有太多的野心，因此并不满足于此。我想把我的那些独特的经历分享出来。为了做到这一点，我知道我应该转向文学。" Simone de Beauvoir, *La Force de l'âge*, *op. cit.*, p. 255.

〔10〕 Margaret Simons, « Beauvoir, Philosophy, and Autobiography », *A Companion to Simone de Beauvoir*, édité par Laura Hengehold et Nancy Bauer, Hoboken, John Wiley & Sons, 2017, p. 391-405.

[11] Simone de Beauvoir, *Le Deuxième Sexe*, t. II, op. cit., p. 539.

[12] *Ibid.*, p. 540.

[13] *Ibid.*, p. 556.

[14] *Ibid.*, p. 540.

[15] *Ibid.*, p. 554.

[16] *Ibid.*, p. 556.

[17] *Ibid.*, p. 560.

[18] Simone de Beauvoir, *Les Mandarins*, t. I, Paris, Gallimard, 1954, p. 73.

[19] *Ibid.*, p. 134-135.

[20] *Ibid.*, p. 135.

[21] Simone de Beauvoir, *Les Mandarins*, t. II, Paris, Gallimard, 1954, p. 148.

[22] Simone de Beauvoir, *Le Deuxième Sexe*, t. II, op. cit., p. 34.

[23] *Ibid.*, p. 156.

[24] *Ibid.*, p. 522.

[25] *Ibid.*, p. 259.

[26] *Ibid.*, p. 123.

[27] *Ibid.*, p. 43.

[28] *Ibid.*, t. I, p. 23-24.

9 自由与顺从

[1] Simone de Beauvoir, *Le Deuxième Sexe*, t. I, op. cit., p. 33.

[2] "这一现象学确立了一种本体论的秩序：由此出发，我们能以一种终极和永恒的方式把女人视作自在的（En-soi），把男人视作自为的（Pour-soi）。从这种宏篇伪论推演出的男性和女性的角色将女人置于主体之外，而当知识（或者说'事物'）的客体被类同于'女人光滑、洁白、有光泽的'身体时，她就已经成为了客体。" Michèle Le Dœuff, *L'Étude et le Rouet*, t. I：《Des femmes, de la philosophie, etc.》, Paris, Le Seuil, 1989, p. 97.

[3] "至于他的想象，萨特的哲学基于他作为男人、作为欧洲人和作为哲学大师的社会经验。总的来说，这是一种统治的模糊经验。" *Ibid.*, p. 90.

[4] "在存在主义的体系中，任何的压迫都是不可想象的，更不必说是女性所受的压迫；相反，一种男人和女人身体之间的可怕联系由此表达出来，并

确立了一种男性和女性之间的肉体本体论的秩序。"*Ibid.*, p. 74.

〔5〕Simone de Beauvoir, *Le Deuxième Sexe*, t. I, *op. cit.*, p. 33.

〔6〕*Ibid.*, p. 33.

〔7〕Amartya Sen, *Repenser l'inégalité*, 1992, trad. fr. Paul Chemla, Paris, Le Seuil, 2000, p. 85.

〔8〕森已经进一步阐释了这种关于福利经济学和社会公正之间矛盾的观点。参见 Amartya Sen, «The Impossibility of a Paretian Liberal», *Journal of Political Economy*, vol. 78, no. 1, 1970, p. 152-157。

〔9〕Simone de Beauvoir, *L'Existentialisme et la sagesse des nations*, Paris, Nagel, 1948, réed. Gallimard, 2008, p. 29.

〔10〕Simone de Beauvoir, *Pour une morale de l'ambiguïté*, *op. cit.*, p. 47 et suivantes.

〔11〕"孩童处境的特殊之处在于,他发现自己被扔进一个世界,他对这个世界没有任何贡献,这个世界是在没有他的情况下形成的,在他看来就像是一个绝对的存在,对此他只能选择顺从。"*Ibid.*, p. 48.

〔12〕在此,波伏瓦谈论的是奴隶状态。从现代的眼光来看,奴隶状态似乎有疑问的:它否定了奴隶全部的能动性(波伏瓦将此同孩子作比较),同时把奴隶表现为种植园主的统治"温顺的承受者"。*Ibid.*, p. 50.

〔13〕*Ibid.*, p. 51.

〔14〕*Ibid.* p. 62.

〔15〕例如:"大多数女人既要求又厌恶女性所处的状况,她们生活在怨恨中。" Simone de Beauvoir, *Le Deuxième Sexe*, t. II, p. 375

〔16〕*Ibid.*, t. I, p. 75.

〔17〕*Ibid.*, t. II, p. 649.

〔18〕索尼娅·克鲁克斯在她的新书中以令人信服的方式证明,波伏瓦是理解统治阶级特权的重要哲学家。Voir *Simone de Beauvoir and the Politics of Ambiguity*, New York, Oxford University Press, 2012, chapitre III, « Confronting Privilege », p. 93-123.

〔19〕Simone de Beauvoir, *Le Deuxième Sexe*, t. II, *op. cit.*, p. 649.

〔20〕*Ibid.*, p. 650.

〔21〕*Ibid.*, p. 652.

〔22〕 *Ibid.*, p. 311.

结语 那么现在呢？

〔1〕重要的是，要知道美国的大学制定性同意标准不是为了提高学生的道德水平，而是因为联邦法律要求他们这样做，根据1972年联邦颁布的《教育修正案》第九条规定（*Title IX*），禁止在国家资助的教育项目中存在任何形式的性别歧视。